教師教育テキストシリーズ 14

教育相談

広木 克行　編

学文社

■執筆者■

三輪 定宣	千葉大学（名誉教授）	[序]	
*広木 克行	神戸大学（名誉教授）	[第1章, 第10章]	
髙垣忠一郎	立命館大学	[第2章]	
今泉 博	北海道教育大学釧路校	[第3章]	
髙橋 廉	和光学園	[第4章]	
倉本 頼一	滋賀大学, 立命館大学	[第5章]	
荒川 智	茨城大学	[第6章]	
春日井敏之	立命館大学	[第7章]	
藤田 和也	國學院大學	[第8章]	
小林 剛	武庫川女子大学（名誉教授）	[第9章]	
前島 康男	東京電機大学	[第10章]	

（執筆順／＊印は第14巻編者）

まえがき

　本書は，これから教師を志す人や，現在生徒の相談に取り組んでいる多くの教師たちを念頭に置いて，教育相談に関する基本的な事項と新しいコンセプトを併せて提起するために編まれたものである。

　心の時代といわれる今日，教師の仕事は日増しに難しいものになりつつある。それは教育の専門家である教師が，生徒と保護者が訴える心の問題に対応することの難しさと言いかえることもできる。心の問題に対応する教師の仕事を私たちは教育相談と呼んできたが，今日のそれは相談活動を担当できる一部の教師に任せてすむ状況ではなくなっている。すべての教師にとって自らの教育実践は教育相談と切り離しがたくなっているのである。

　このような状況の変化を示す現象は，最近30年ほどの間に徐々に学校の中に広がってきた。そして今日，不登校やいじめ・自殺，あるいは学級崩壊などに直面しない教師はいない。これらの現象の意味を端的に示しているものに，保健室を利用する生徒たちの訪問理由の変化がある。かつて生徒たちは怪我や発熱などの身体的問題の手当を求めて保健室を訪ねてきた。しかし近年のそれは悩みや葛藤など心の問題が中心となり，話を聞いてもらうために保健室にやってくる。この変化は養護教諭の仕事の内容を劇的に変える要因にもなってきた。看護と指導からカウンセリング的ケアへの変化である。

　養護教諭だけでなくすべての教師たちにとっても実践のあり方に転換が迫られていることは前述の通りである。だが現実には，伝統的な教育実践の枠組みを打破して発想の転換が順調に進んでいるとは言いがたく，担任する生徒に対して教育相談が必要な場合も，教科指導や生徒指導と同じ姿勢で向き合ってしまう教師は依然として多い。心の問題へのデリケートな対応は教師の専門性にとって必ずしも親和的なものではないからである。そのために心の問題をかかえた生徒や保護者と向き合うときも，評価と指導を行う教育者の構えを切り換えることができずに，人間関係を一層複雑なものにしてしまう場合も少なくない。

このような学校における矛盾の深まりに対応する一つの切り札として，スクールカウンセラーが導入されたのは約10年前のことであった。その導入から少なからぬ月日が経過したにもかかわらず，スクールカウンセラーという心理職が学校の中で十分に機能している例はあまり多くはない。この事実もまた教育的対応の本質と心理臨床的な対応の本質が決して親和的な関係にはないことを示している。つまり心理臨床的な対応を学校の中に位置づかせるためには教育的な対応やシステムのあり方を変化させることが必要であり，それはまた逆に，教育の現場に関わることで心理臨床的な対応のあり方自体も，新たな発展を遂げる必要があることを示していると考えられる。

このような問題状況の変化が教育の専門家である教師と学校に求めていることは，伝統的な教育概念のコロラリーとしての教育相談の枠を越えた，新しい教育相談のあり方を追求することである。そして心の問題に対応する工夫と模索を通して，学校あり方と教育実践のあり方を根底から見直すことが期待されているといえるだろう。

本書は，教育相談をめぐるこのような状況の変化に応えるために，教育相談についての歴史と理論に関する基本的な概念を整理するとともに，教育相談をめぐる新たな試みに目を向け，その事例の紹介と検討を通して新しい教育相談のあり方を考えるための視点を提示することをめざしたものである。

最後に，執筆や校正など仕事の遅れにもかかわらず，根気強く編集者を励ましてくれた学文社の三原多津夫氏に，心から感謝の気持ちを記しておきたい。

第14巻編者　広 木 克 行

目　次

まえがき

序　教師と教育学 ———————————————————— 7

第1章　教育相談の歴史・役割・意義 ————————————— 14

1　教育相談の歴史——現代社会の特質と教育相談　15

2　学校における教育相談の位置と役割　22

3　教育相談の対象と方法　25

4　教育相談の意義——学校の危機を念頭において　27

第2章　カウンセリングと教育相談 ————————————— 33

1　カウンセリングとは——その対象と目的・立場　33

2　教育相談とカウンセリング　34

3　変化と理解を求めるクライエント　36

4　カウンセリングの方法　42

5　カウンセリング的アプローチの意義　43

6　教育現場におけるスクールカウンセラーの役割
　　——チームを組んでの取組み　44

第3章　学級経営と教育相談（小学校）
　　——「いじめ」「不登校」にどう対応するか ————————— 51

1　教育政策・教育行政と学校現場とのミスマッチ　51

2　教師が「いじめ」で問われるもの
　　——子ども観と関係のとらえ方　52

3　不登校と向き合うとき——一人ひとりの心にふれて　61

第4章　学級経営と教育相談（中学校） ── 68

　　　1　学級経営の岐路——受験期の親子と教育相談　68

　　　2　塾についての教育相談　72

　　　3　進路選択をめぐる相談　75

第5章　児童・生徒の問題事例から見た教育相談 ── 81

　　　1　児童・生徒の逸脱行動（問題行動）と教育相談　81

　　　2　不登校，登校拒否と教育相談　86

　　　3　いじめ・いじめられ問題と教育相談　94

　　　4　非行，性的問題と教育相談　97

第6章　障害児教育と教育相談 ── 100

　　　1　これまでの障害児教育の相談活動　100

　　　2　特別支援教育における相談・支援体制　101

　　　3　教育相談・支援の取組みの成果から学ぶ　107

　　　4　子どもを丸ごと受けとめ理解する相談支援を　112

第7章　保護者への援助と教育相談 ── 116

　　　1　教育相談の対象としての保護者　116

　　　2　保護者の悩みと教育相談　119

　　　3　保護者への教育相談とチーム会議
　　　　　　——内に開かれたネットワーク支援　124

　　　4　保護者への教育相談と専門機関との協働
　　　　　　——外に開かれたネットワーク支援　127

　　　5　保護者への教育相談とPTA活動　129

第8章　学校における教育相談システム ―― 134

　　1　「教育相談」理解と教育相談活動のシステム化　134
　　2　教育相談活動の現況　137
　　3　教育相談システムのあり方　144

第9章　教育相談活動における地域諸機関との連携 ―― 152

　　1　地域諸機関との連携が求められる背景　152
　　2　地域の専門的諸機関との連携に消極的な学校の問題　156
　　3　連携を始める前に学校が押さえておくべきこと　158
　　4　家庭の養育力の低下と福祉機関との連携　160
　　5　子どもの心の問題と医療福祉機関との連携　164
　　6　非行・問題行動における地域諸機関および保護者との連携　166

第10章　教育相談と教師の研修 ―― 170

　　1　教育相談における活動主体と研修の多様性　170
　　2　地域における行政研修の実態　173
　　3　中学校における教育相談の実践と研修
　　　　――東京都S中学校の事例から　178

索　引　187

序　教師と教育学

1　本シリーズの特徴

　この「教師教育テキストシリーズ」は，教師に必要とされる教職教養・教育学の基本知識を確実に理解することを主眼に，大学の教職課程のテキストとして刊行される。

　編集の基調は，教師教育学（研究）を基礎に，各分野の教育学（教育諸科学）の蓄積・成果を教師教育（養成・採用・研修等）のテキストに生かそうとしたことである。その方針のもとに，各巻の編集責任者が，教育学各分野と教師・教職との関係を論じた論稿を執筆し，また，読者の立場から，全巻を通じて次のような観点を考慮した。

① 教育学テキストとして必要な基本的・体系的知識が修得できる。
② 教育諸科学の研究成果が踏まえられ，その研究関心に応える。
③ 教職の責任・困難・複雑さに応え，専門職性の確立に寄与する。
④ 教職，教育実践にとっての教育学の重要性，有用性が理解できる。
⑤ 事例，トピック，問題など，具体的な実践や事実が述べられる。
⑥ 教育における人間像，人間性・人格の考察を深める。
⑦ 子どもの理解・権利保障，子どもとの関係づくりに役立つ。
⑧ 教職員どうしや保護者・住民などとの連帯・協働・協同が促される。
⑨ 教育実践・研究・改革への意欲，能力が高まる。
⑩ 教育を広い視野（教育と教育条件・制度・政策，地域，社会，国家，世界，人類的課題，歴史，社会や生涯にわたる学習，などとの関係）から考える。

　教育学研究の成果を，教師の実践的指導やその力量形成，教職活動全体にど

う生かすかは，教育学界と教育現場の重要な共同の課題であり，本シリーズは，その試みである。企画の性格上，教育諸学会に属する日本教師教育学会会員が多数，執筆しており，将来，医学界で医学教育マニュアル作成や教材開発も手がける日本医学教育学会に類する活動が同学会・会員に期待されよう。

2 教職の専門職制の確立と教育学

　近代以降，学校制度の発達にともない，教師の職業が公的に成立し，専門的資格・免許が必要とされ，公教育の拡大とともに養成期間の長期化・高学歴化がすすみ，近年，「学問の自由」と一体的に教職の「専門職」制の確立が国際的趨勢となっている (1966 年，ILO・ユネスコ「教師の地位に関する勧告」6，61 項)。その基調のもとに教師の専門性，専門的力量の向上がめざされている。

　すなわち，「教育を受ける権利」(教育への権利) (日本国憲法第 26 条，国際人権 A 規約第 13 条 (1966 年)) の実現，「個人の尊厳」に基づく「人格の完成」(教育基本法前文・第 1 条，前掲規約第 13 条)，「人格の全面的発達」(前掲勧告 3 項)，「子どもの人格，才能並びに精神的及び身体的な能力をその可能な最大限度まで発達させる」(1989 年，子どもの権利条約第 29 条) など，国民全体の奉仕者である教師の重要かつ困難な使命，職責が，教職の専門職制，専門的力量の向上，その学問的基礎の確立を必要としているといえよう。とりわけ，「真理を希求する人間の育成を期する」教育において，真理の探究をめざす「学問の自由」の尊重が根幹とされている (教育基本法前文，第 2 条)。

　今日，21 世紀の「知識基盤社会」の展望のもとで，平和・人権・環境・持続的開発などの人類的課題の解決を担う民主的市民の形成のため，生涯学習の一環として，高等教育の機会均等が重視され (1998 年，ユネスコ「21 世紀に向けた高等教育世界宣言」)，各国で「教育最優先」が強調されている。その趨勢のもとで各国の教育改革では教職・学校・自治体の自治と責任が増大し，教師は，教育改革の鍵となる人 (key actor) として，学校外でも地域社会の教育活動の調整者 (co-ordinator)，地域社会の変革の代行者 (agent) などの役割が期待されている (1996 年，ユネスコ「教師の地位と役割に関する勧告」宣言，前文)。そのよ

うな現代の教職に「ふさわしい学問的・専門的能力を備えた教師を養成し，最も適格の青年を教職に惹きつけるため，教師の教育者のための知的挑戦プログラムの開発・提供」が勧告されている（同1・3・5項）。その課題として，教員養成カリキュラム・授業の改革，年限延長，大学院進学・修学の促進などを基本とする教師の学問的能力の向上方策が重要になろう。

　教職の基礎となる学問の分野は，通常，一般教養，教科の専門教養，教育に関する教職教養に大別され，それらに対応し，大学の教員養成課程では，一般教養科目，専門教育科目，教職科目に区分される。そのうち，教職の専門職制の確立には教職教養，教育学が基礎となるが，各領域について広い学問的知識，学問愛好の精神，真理探究の研究能力，批判的・創造的・共同的思考などの学問的能力が必要とされる。

　教育学とは，教育に関する学問，教育諸科学の総称であり，教育の実践や事実の研究，教育的価値・条理・法則の探究などを課題とし，その成果や方法は，教育の実践や事実の考察の土台，手段として有効に生かすことができる。今日，それは総合的な「教育学」のほか，個別の教育学（〇〇教育学）に専門分化し多彩に発展し，教職教養の学問的ベースは豊富に蓄積されている。教育研究者は，通常，そのいずれかに立脚して研究活動を行い，その成果の発表，討論，共同・学際的研究，情報交換，交流などの促進のため学会・研究会等が組織されている。現場教師もそこに参加しており，今後，いっそうすすむであろう。教職科目では，教育学の成果を基礎に，教職に焦点化し，教師の資質能力の向上や教職活動との関係が主に論じられる。

　以下，教職教養の基盤である教育学の分野とそれに対応する学会例（全国規模）を挙げ，本シリーズ各巻名を付記する。教職教養のあり方や教育学の分野区分は，「教師と教育学」の重要テーマであるが，ここでは概観にとどめる。

　A．一般的分野
　① 教職の意義・役割＝日本教師教育学会【第2巻・教職論】
　② 教育の本質や理念・目標＝日本教育学会，日本教育哲学会【第1巻・教育学概論】

③ 教育の歴史や思想＝教育史学会，日本教育史学会，西洋教育史学会，教育思想史学会【第3巻・教育史】

④ 発達と学習＝日本教育心理学会，日本発達心理学会【第4巻・教育心理学】

⑤ 教育と社会＝日本教育社会学会，日本社会教育学会，日本生涯学習学会，日本公民館学会，日本図書館学会，全日本博物館学会【第5巻・教育社会学，第6巻・社会教育】

⑥ 教育と行財政・法・制度・政策＝日本教育行政学会，日本教育法学会，日本教育制度学会，日本教育政策学会，日本比較教育学会【第7巻・教育の法と制度】

⑦ 教育と経営＝日本教育経営学会【第8巻・学校経営】

⑧ 教育課程＝日本カリキュラム学会【第9巻・教育課程】

⑨ 教育方法・技術＝日本教育方法学会，日本教育技術学会，日本教育実践学会，日本協同教育学会，教育目標・評価学会，日本教育工学会，日本教育情報学会【第10巻・教育の方法・技術】

⑩ 教科教育法＝日本教科教育学会，各教科別教育学会

⑪ 道徳教育＝日本道徳教育学会，日本道徳教育方法学会【第11巻・道徳教育】

⑫ 教科外活動＝日本特別活動学会【第12巻・特別活動】

⑬ 生活指導＝日本生活指導学会【第13巻・生活指導】

⑭ 教育相談＝日本教育相談学会，日本学校教育相談学会，日本学校心理学会【第14巻・教育相談】

⑮ 進路指導＝日本キャリア教育学会(旧進路指導学会)，日本キャリアデザイン学会

⑯ 教育実習，教職関連活動＝日本教師教育学会【第15巻・教育実習】

B. 個別的分野 (例)

① 国際教育＝日本国際教育学会，日本国際理解教育学会

② 障害児教育＝日本特殊教育学会，日本特別支援教育学会

③ 保育・乳幼児教育＝日本保育学会，日本乳幼児教育学会，日本国際幼児学会
④ 高校教育＝日本高校教育学会
⑤ 高等教育＝日本高等教育学会，大学教育学会
⑥ 健康教育＝日本健康教育学会

　人間は「教育的動物」，「教育が人間をつくる」などといわれるように，教育は，人間の発達，人間社会の基本的いとなみとして，人類の歴史とともに存続してきた。それを理論的考察の対象とする教育学のルーツは，紀元前の教育論に遡ることができるが，学問としての成立を著者・著作にみると，近代科学革命を背景とするコメニウス『大教授学』(1657年)以降であり，その後のルソー『エミール』(1762年)，ペスタロッチ『ゲルトルート児童教育法』(1801年)，ヘルバルト『一般教育学』(1806年)，デューイ『学校と社会』(1899年)，デュルケーム『教育と社会学』(1922年)などは，とりわけ各国に大きな影響を与えた。

　日本では，明治維新の文明開化，近代的学校制度を定めた「学制」(1872年)を契機に西洋の教育学が移入されたが，戦前，教育と学問の峻別や国家統制のもとでその発展が阻害された。戦後，1945年以降，憲法の「学問の自由」(第23条)，「教育を受ける権利」(第26条)の保障のもとで，教育学の各分野が飛躍的に発展し，教職科目・教養の基盤を形成している。

③ 教員免許制度と教育学

　現行教員免許制度は，教育職員免許法(1949年)に規定され，教員免許状授与の基準は，国が同法に定め，それに基づき大学が教員養成(カリキュラム編成とそれに基づく授業)を行い，都道府県が免許状を授与する。同法は，「この法律は，教育職員の免許に関する基準を定め，教職員の資質の保持と向上を図ることを目的とする」(第1条)と規定している。

　その立法者意思は，学問の修得を基礎とする教職の専門職制の確立であり，現行制度を貫く基本原理となっている。たとえば，当時の文部省教職員養成課長として同法案の作成に当たった玖村敏雄は，その著書で次のように述べてい

る。
　「専門職としての医師がこの医学を修めなければならないように，教育という仕事のために教育に関係ある学問が十分に発達し，この学問的基礎に立って人間の育成という重要な仕事にたずさわる専門職がなければならない。人命が尊いから医師の職業が専門職になって来た。人間の育成ということもそれに劣らず貴い仕事であるから教員も専門職とならなければならない。」「免許状」制は「専門職制の確立」をめざすものである（『教育職員免許法同法施行法解説』学芸図書，1949 年 6 月）。
　「大学において一般教養，専門教養及び教職教養の一定単位を履修したものでなければ教職員たるの免許状を与えないが，特に教育を専門職たらしめるものは教職教養である。」（「教職論」『教育科学』同学社，1949 年 8 月）。
　現行（2008 年改正）の教育職員免許法（第 5 条別表）は，免許基準として，「大学において修得することを必要とする最低単位数」を定め，その構成は，専門教養に相当する「教科に関する科目」，教職教養に相当する「**教職に関する科目**」及び両者を含む「教科又は教職に関する科目」である。教諭一種免許状（学部 4 年制）の場合，小学校 8, **41**, 10, 計 59 単位，中学校 20, **31**, 8, 計 59 単位，高校 20, **23**, 16, 計 59 単位である。1 単位は 45 学修時間（講義・演習は 15 〜 30 時間），1 年間の授業期間は 35 週，学部卒業単位は 124 単位と定められている（大学設置基準）。
　同法施行規則（第 6 条付表）は，各科目の修得方法を規定し，「教職に関する科目」の場合，各欄の科目の単位数と「各科目に含めることが必要な事項」が規定されている。教諭一種免許状の場合，次の通りである。
　第 2 欄「教職の意義等に関する科目」（「必要な事項」；教職の意義及び教員の役割，教員の職務内容，進路選択の機会提供）＝各校種共通 2 単位
　第 3 欄「教育の基礎理論に関する科目」（同；教育の理念と歴史，学習と発達，教育の社会的・制度的・経営的事項）＝各校種共通 6 単位
　第 4 欄「教育課程及び指導法に関する科目」（同；教育課程，各教科・道徳・特別活動の指導法，教育の方法・技術〔情報機器・教材活用を含む〕）＝小学校 22 単位，

中学校12単位，高校6単位

　第4欄「生徒指導，教育相談及び進路指導等に関する科目」(同：生徒指導，教育相談，進路指導)＝各校種共通4単位

　第5欄「教育実習」＝各校種共通2単位

　第6欄「教職実践演習」＝小学校・中学校5単位，高校3単位

　現行法は，1988年改正以来，各教職科目に相当する教育学の学問分野を規定していないが，欄ごとの「各科目に含めることが必要な事項」に内容が示され，教育学の各分野(教育諸科学)との関連が想定されている。

　1988年改正以前は，それが法令(施行規則)に規定されていた。すなわち，1949年制定時は，必修科目として，教育心理学，児童心理学(又は青年心理学)，教育原理(教育課程，教育方法・指導を含む)，教育実習，それ「以外」の科目として，教育哲学，教育史，教育社会学，教育行政学，教育統計学，図書館学，「その他大学の適宜加える教職に関する専門科目」，1954年改正では，必修科目として，同前科目のほか，教材研究，教科教育法が加わり，それ「以外」に前掲科目に加え，教育関係法規，教育財政学，教育評価，教科心理学，学校教育の指導及び管理，学校保健，学校建築，社会教育，視聴覚教育，職業指導，1959年改正で必修科目として，前掲のほか道徳教育の研究が，それぞれ規定されていた。各時期の教職科目と教育学各分野との法的な関連を確かめることができよう。

　教員養成・免許の基準設定やその内容・程度の法定は，重要な研究テーマである。その視点として，教職の役割との関連，教職の専門職制の志向，教育に関する学問の発展との対応，「大学における教員養成」の責任・目的意識・自主性や「学問の自由」の尊重，条件整備などが重要であり，時代の進展に応じて改善されなければならない。

教師教育テキストシリーズ編集代表

三輪　定宣

第1章　教育相談の歴史・役割・意義

はじめに

　教育相談の歴史を見ると，そこには社会における学校の位置と役割の変化が直接的に反映していることがわかる。たとえば今日，教育相談と聞けば生徒と保護者の心の問題に対応する教師やカウンセラーの活動をイメージする人が多い。だがそれは教育相談の歴史にとってはきわめて新しい出来事である。ストレスに満ちた社会的・家庭的状況を背景とした学校教育のなかで，苦悩のシグナルを出す生徒と教師との関係として教育相談がイメージされているのである。

　本来，教師の仕事には一人ひとりの生徒を社会に巣立たせるために，基本的な認識力や社会性を獲得させるはたらきという側面がある。その側面から見たとき，教師は一人ひとりの生徒の弱点や問題点をしっかりと把握，評価し，生徒たちが自分の弱点や問題点を集団の力に依拠しながら，自らの力で克服できるように励まし導く専門家であるといっていいだろう。

　たしかに学校における教育相談の始まりは，生徒を産業社会に巣立たせるための進路指導を担うものであった。学校教育の出口で生徒一人ひとりが産業社会によりよくマッチする進路を選び取れるよう支援する活動だったのである。

　しかし産業社会が発展するなかで，教育相談は主に学校における生徒指導（ガイダンス）を担い，生活的エネルギーに溢れてはみ出す生徒を，学校の集団生活に適応させる役割を担うようになっていく。

　そしてポストモダンともいわれる今日の教育相談は，目標の喪失と競争による強いストレスにさらされ，心に傷を負って苦しむ生徒へのケアと支援が中心になってきている。苦悩をシグナルとして表出する生徒に教師がかかわるとき，進路指導や生徒指導の方法は無力である。シグナルとしての生徒の言動に対し

ては，それを評価し適応に向けて指導するのではなく，生徒の話に耳を傾け，その苦しみを理解することが必要になるからである。

この章では，以上のように展開してきた教育相談の歴史と教育におけるその意義をやや詳しく見ていくが，それによって本章以下の各章で取り上げた今日の教育相談の諸側面がより深く理解できるよう，役立つことを願っている。

1 教育相談の歴史──現代社会の特質と教育相談

1 教育相談誕生の歴史的背景

「日本における教育相談活動の発展の歴史は，アメリカにおけるカウンセリングの歴史に大変よく似ている。歴史の年代を2，30年ずらせばほぼ一致する」[1]といわれている。たしかにカウンセリングという言葉が誕生したのはアメリカである。しかもそのカウンセリング運動も日本の教育相談と同様，職業選択の機会が拡大し，そのための指導と援助が求められる社会の変化を背景として発展してきた。アメリカの場合，それは1900年代初頭（明治時代末）に始まった3つの運動として歴史に名を刻んでいる。その3つの運動とは職業指導（ガイダンス）運動，教育測定運動そして精神衛生運動のことである。教育相談の原点であるこれらの運動を理解するために，その発展の経緯を平木典子『カウンセリングの話し』[2]を参考にして紹介しておきたい。

まず職業指導運動とは，産業社会が発展し職業選択の機会が急速に拡大した20世紀初頭に，個々の職業の性質と職業選択に臨む青年個々人の個性との一致をはかることを目的として生まれた運動のことであり，「天職との出会い」を支援する運動と考えられていた。

カウンセリングという言葉はその運動のなかで生まれたといわれているが，それを最初に使ったのは「職業指導運動の父」と呼ばれるパーソンズ（Persons, F. 1854-1908）であった。彼がこの運動の基本とした理念は「適材適所」と表現されている。それは職業の分析と個人の分析を基にして両者を適合させることを意味したが，その両者の適合をはかる仕事をパーソンズはカウンセリングと呼んだ。カウンセリングとは個々の青年の性格や能力を見抜き，それが最大限

生かされる職業と出会えるように支援する仕事と考えられたのである。この意味におけるカウンセリングは学校における本来の進路指導にほかならないが，当時のアメリカの学校でもそれは教育における進路指導の方法として導入され，「職業カウンセリング」という言葉も使われるようになった。

　第2の教育測定運動は，人間の知能や興味は定量的に測定できると考えたソーンダイク (Thorndike, E. L. 1874-1947) の提唱によって始まった。そしてこの運動は，第1次世界大戦が求めた人類史上はじめての国民総動員体制において心理テストが活用されるきっかけとなるとともに，その社会状況のなかで急速な発展をとげた。すなわち徴兵された兵士の適材適所への配置を心理測定によって行うようになり，そのために心理学者が大量に動員され，知能テストや性格テストが開発，活用されて飛躍的に発展したのである。そして1930年代になると心理測定のこれらの方法が教育界にも導入され，職業カウンセリングのなかで活用されていくことになる。

　しかし人間理解の補助的手段であったはずの心理測定は，その方法が確立し精緻化されるにつれて人間観にも影響を与えるようになり，測定の結果（データ）によって人間を理解したつもりになる逆転現象をも生みだすことになる。そうした傾向に警鐘を鳴らすことになったのが精神衛生運動であった。

　第3はその精神衛生運動であるが，それはうつ病による自らの入院体験を基にビールス (Beers, C. W. 1876-1943) が提唱した運動のことである。当時，精神病者は外面的言動によって「異常」と診断され，送り込まれた精神病院においても監禁などのひどい扱いを受けていた。ビールスはこの状況を批判し，精神病者の内的世界を理解することの重要性とそれに基づく支援の必要性を訴えたのである。この運動を契機としてアメリカの心理療法は，精神病者の内的世界を理解することの重要性を認識するようになり，一見「異常」に見える言動も了解可能な内的世界の表出であることが理解されるようになっていった。人間理解におけるこの動向が，職業指導運動におけるカウンセリングにも大きな影響を与えるようになったのである。

2　日本における教育相談の始まり

　日本における教育相談はどのようにして始まったのだろうか。それはアメリカの場合と同様，学校で行われたのではなく，各地の職業相談所において職業指導の傍ら行われていたという。教育相談専門の機関としては1915（大正4）年に日本児童学会の事務局に設置された「児童教養相談所」の名前があげられている。だが活動内容を今日の視点から見たとき，教育相談の嚆矢と言いうる最初の機関は，1917（大正6）年に児童教養研究所（東京目黒）に付設された「児童相談所」であったといわれている[3]。その後1919（大正8）年には大阪市立児童相談所，1921（大正10）年には東京府児童研究所と広島県社会事業協会児童相談所，1925（大正14）年には東京麹町区児童相談所というように相談機関は次々に設立されている。

　ではなぜこれらの教育相談機関は大正時代に設立され，しかも東京や大阪など限られた大都市に集中していたのであろうか。もちろん大都市には研究機関が集中し，教育相談に携わることのできる人材が偏在していた点も考慮する必要はある。しかしながらより本質的な理由は，当時，大都市には職業相談と進路相談を必要とする新たな社会的な事情が生じていた点にこそ求めるべきであろう。

　第1次世界大戦を契機として，大正中期以降は近代産業が飛躍的に発展した時代であり，大都市にはそれを支える勤労者が急速に集中し増加し始めた時期でもあった。農民，漁民という出身階層を離れて，新たな階層に移動する人たちが増え始めた。そうした社会の構造的な変動は，個々の国民の前には職業をめぐる選択の機会の到来として立ち現れたのである。そしてまた当時は西欧の民主主義思想やロシアに成立した社会主義国の影響も広がり始め，労働運動や農民運動が活発になった時期でもあった。

　そしてさらに当時，勤労者のなかでは都市中間層といわれる階層が急速に形成されつつあったが，その人々のなかでは子どもに対する教育熱が非常な高まりを見せていた，一方でそれは上級学校への進学志向として現れ，他方では子ども中心主義の思想に立つ自由教育を求める志向として現れていた。上級学校

への進学は，一般的にはより高い階層への移動（いわゆる立身出世）を可能にする手段と考えられた。それゆえに中等教育と高等教育の機会の拡大に向けた社会の圧力がかつてない高まりを見せたのである。政府はこれらの社会的，政治的な変化に対応するために，臨時教育会議や臨時教育行政調査会などを設けて教育改革を検討し，大規模な教育制度改革を断行した。それによって中等教育と高等教育の機会は飛躍的に拡大されることになった。社会と制度におけるこれらの変化は，とくに大都市とその周辺に住む中間層世帯の子どもと青年にとっては，就職や進学における選択の機会が拡大したことを意味し，より的確な選択を果たすための相談と指導が求められるようになったのである。

　日本における教育相談という新しい活動の誕生は，このような進路相談や職業指導に対する社会的な需要の高まりと深く関係しており，それはすでにアメリカで誕生し発展しつつあった各種の心理検査や相談方法への関心と結びつく必然性をもっていた。1936（昭和11）年，東京文理科大学（現筑波大学）には田中寛一を中心とする教育相談部がつくられ，田中・ビネー式知能検査法や田中B式集団検査法の作成と標準化が行われた。この知能検査法の開発と標準化は，日本における教育相談の拡大と発展に大きな影響を与えることになったのである。

3　日本における「教育相談」発展の曲折
(1) ガイダンスの導入

　パーソンズが取り組んだアメリカのガイダンスが日本に本格的に紹介されたのは，第2次世界大戦後の1950年ごろのことである。ガイダンスは日本では「生徒指導」と翻訳されて紹介された。それは子ども個々人の人格を尊重し，個性の伸張をはかるとともに，社会生活で求められる倫理観や正義感などの社会的資質や行動力を高めるものと理解された。そのなかでカウンセリング（教育相談）は生徒指導を効果的に進める方法として導入された。

　ところがこの時期に紹介された教育相談（カウンセリング）の方法は，ロジャース（Rogers, C. R. 1902-87）の来談者中心療法であり，相談室における1対1の

「非指示的カウンセリング」として専門の相談機関や一部の学校に導入された。非指示的カウンセリングは学校外の相談機関では比較的積極的に評価されたが，学校現場ではほとんど評価されなかっただけでなく，教師たちから「甘やかし」や「放任」あるいは「生活の無視」や「心理学主義」という批判を受け，ほとんど定着することはなかった。

その方法は，敗戦という状況のなかで戦争への荷担という厳しい体験を共有させられた教師たちの思いや，貧困と差別という重い現実を背負った当時の子どもの生活実態からは遊離したものととらえられたからにほかならない。さらに個人の心理に焦点を当て，別室で1対1の対話をする教育相談よりも，集団的な取組みを通して生活の現実と自己への認識を深める，日本独自の「生活指導」への信頼と関心の方が遙かに高かったからとも考えることができる。それは無着成恭 (1927～) の『山びこ学校』をはじめとする，当時出版された幾多の実践記録が，日本で開拓された生活綴り方的教育方法による生活指導の典型として多くの教師たちのなかで共感をもって迎えられ，非常に高い評価を得ていたことからも窺い知ることができる。ガイダンスが導入された当時から十数年の間，教師たちの関心は生徒指導や教育相談にはあまり向かない状況であったとみることができる[4]。

(2) カウンセリングマインドの重視へ

生徒指導への関心の低迷は続いていたが，やがてその重要な方法である教育相談については新たな側面が重視されるようになっていく。それは苦悩や困難をかかえた児童・生徒個々人に対するカウンセリングの機能だけでなく，日常的な教育活動のなかで「いつでも，どこでも，だれでも」行うことができる「開発的・予防的カウンセリング」(次節で説明する) が強調され，日常の人間関係に対する心理学的手法の応用という面が重視されるようになったからである。

もちろん教育相談への関心が一気に高まったわけではない。1960年代後半から70年代にかけての日本の学校現場では，非行や校内暴力等への対応が焦眉の課題となっており，教育相談という方法は依然として効果的な役割を果たすことができてはいなかった。むしろ荒れる児童・生徒を前にして，規律維持

のための管理強化や叱責，懲戒などが不可避となり，それらが問題を起こす児童・生徒たちを外面的に沈静化させる生徒指導の方法として日常的に用いられるようになっていた。それは先に紹介した「個性の伸張」というガイダンスの理念からはもちろん，日本の伝統的な集団的生活指導とも異なる管理的生徒指導というべきものであった。

こうした状況が続く中で1970年代後半から80年代にかけて，いじめ，自殺，登校拒否（不登校）など内向的，非社会的行動が目立つようになる。そこで新たに提起されたのが「カウンセリングマインド」であった。それは狭義の教育相談の方法を意味するものではなく，教育活動全体に貫かれるべき人間関係づくりと，それを創り出すための教師の姿勢として強調されたものであった。しかしその言葉によって提起された内容について多くの教師たちは，「治療的カウンセリング」に際してカウンセラーに求められる姿勢や，来談者にかかわるための特殊な方法として受けとめる傾向があった。このズレや誤解は21世紀の今日もなお埋められたわけではない。しかし子どもたちの示す大きな変化を前にして，徐々にそして確実にそのズレは埋められつつあるといってよい。

(3) スクールカウンセラーの導入

1980年代中頃以降，不登校と子どものなかのいじめ・自殺の増加を経験するようになってから，文部省（現文部科学省）は生徒指導を抜本的に強化するために治療的カウンセリングの強化策を打ち出すことになる。1995年度から始められた「スクールカウンセラー活用調査研究委託事業」であり，一部研究校へのスクールカウンセラーの導入である。それは学校における教育相談にとって画期的な出来事であった。ほとんどの学校で行われていたそれまでの教育相談は，校務分掌への位置づけもあいまいなまま，授業も行う相談担当教師が放課後などに行うものであった。だがスクールカウンセラーの導入は，専任ではないとしても，教育相談を担当する専門的職員を配置する必要性が公式に認められたことを意味したからである。

この委託事業では，スクールカウンセラーは当面2年間，原則として1年に35週，週2日で1日4時間，しかも校長の指揮・監督の下という限られた条

件のなかで導入されたにすぎない。スクールカウンセラーの業務は①児童・生徒へのカウンセリング，②カウンセリングなどに関する教師と保護者に対する助言と援助，③児童・生徒のカウンセリングに関する情報の収集と提供などとされた。この事業は結局6年間続けられ，2001年度からはすべての中学校にスクールカウンセラーを配置する方向で，各自治体が検討し対応することになった。そして，2006年度には，依然として待遇は非常勤のままであるか，スクールカウンセラーが国の施策として全国の中学校に配置されるようになって今日に至っている。

　だがそれがフルタイムの常動的存在でないためか，スクールカウンセラーの導入は多くの学校現場で今なお多くの問題を惹起している。なかでも教師が教育以外の専門家と学校のなかで協力することの難しさや，児童・生徒個人の情報に関して守秘義務を重視するカウンセラーと教師との矛盾などが顕著な問題になっている。そのうえ，苦悩をかかえ学習に対して不適応状態にある子どもをスクールカウンセラー任せにし，授業と学級経営だけに集中しようとする者が存在するなど，一部の教師にみられる分業化の傾向も簡単に克服できるものではない。こうした状況のなかで，学校や学級の経営と心理カウンセリングに精通し，教育相談に関する体制づくりや研修計画の構想を練り，具体的事例について担任教師とカウンセラーとの間に立てる教育相談担当教師（教師カウンセラー）の重要性[5]が，ようやく認識され始めたところだといってよい。

(4) 特別支援教育への歩みと教育相談

　さらに現在進行中の教育改革のひとつである特別支援教育の導入によって，教育相談のあり方は大きく変わろうとしている。今日までの教育相談はもっぱら通常学級で学ぶ児童・生徒を対象とするものと考えられてきた。それゆえ「就学相談」や「療育相談」と呼ばれる障害児に関する「教育相談」は，「特殊教育」の領域の問題と考えられて，教育相談の概念に含まれることは少なかった。いままでは普通学校の障害児学級に通う障害児の相談は教育相談係の仕事ではなく，障害児教育担当教師の仕事と考えられ区別されていたのである。

　しかし不登校や学級崩壊そしていわゆる「小1プロブレム」などが問題にな

るなかで，2002年に文部科学省が行った調査結果によって「軽度発達障害」の子どもが通常学級のなかに約6.3％程度存在することが明らかになった。それによって特別支援教育導入の必要性は広く認められるものになってきたが，それは同時に教育相談をめぐる状況が大きく変化することを示すものとなった。特別支援教育コーディネーターや精神医学の専門家と連携しながら，すべての教師が「軽度発達障害」を含む通常学級に通う障害児に関する教育相談にかかわるという新たな課題が自覚されるようになったからである。

　2007年度から始まった特別支援教育の制度化によって，通常学級と特別支援教室そして普通学校と特別支援学校との連携と協力が模索され始めている。それは「軽度発達障害」を含むすべての障害児の教育相談といわゆる健常児の教育相談の関係を，それぞれの固有性の認識とともに，連続するスペクトラムのなかで捉え返す視点の確立が大きな課題になっているといってよい。

2 学校における教育相談の位置と役割

1 教育活動の全領域を支える教育相談の機能

　教育学の世界では学校における教育活動は2つの領域からなると考えられている。その1つは各教科に編成された知識や技能の体系を教授して，主に認識と操作に関する能力を発達させる教科指導の領域である。もう1つは行事や儀式あるいはクラブ活動や自治活動を通して，主に価値観や規範意識そして人間性の形成を促す教科外指導の領域である。

　一方，行政の府である文科省の場合は学習指導要領に示した教育課程によって，小中学校においては教科指導，道徳，特別活動，総合的な学習の4領域が，高校においては，それから道徳を除いた3つの領域が明示されている。ここに教育学の世界と文科省による2つの領域論を示したのは，どちらの説が妥当かを論ずるためではなく，いずれの領域論にも教育相談が含まれていないという事実を確認するためである。つまり教育相談は教育課程を構成する教育活動の領域を示す概念とはみなされていない。教育相談は教育の目標を達成するためのすべての教育活動にかかわる機能のひとつであり，かつ教科外指導の方法で

ある生徒指導のなかに位置づけられたひとつの機能として考えられてきたのである。

そこでまず，教科外指導の方法である生徒指導の役割から見ておくことにしたい。文部省（現文部科学省）の『生徒指導資料第21集』（1990）によると，生徒指導とは「一人一人の生徒の個性の伸張を図りながら，同時に社会的な資質や能力・態度を形成し，さらに将来において自己実現ができるような資質・態度を形成していくための指導・援助であり，個々の生徒の自己指導能力の育成を目指すものである」。そしてこの役割と目標を実現するための指導方法には，「積極的な指導」と「消極的な指導」の2つの側面があると述べている。そこにいう積極的な指導とは，子ども一人ひとりの人格を望ましい方向に伸ばすための指導の側面のことであり，消極的な指導とは，精神的あるいは適応上の問題をもった子どもの不安や苦悩の解決を援助する側面のことである。

教育相談は生徒指導のなかのひとつの機能であるというとき，一般的にはそれを消極的な指導の側面をもっぱら担う機能であると理解する人が多い。だが実際はそうではなく，教育相談は生徒指導における積極的な指導にも生かされるものであり，生徒指導の前提であり目的でもある人間関係を豊かにさせる重要な機能を併せ持つものと考えられている。

2　教育相談の3つの機能

そのような教育相談の役割を分析して，今日ではそれをさらに3つの機能に分けて説明することが多い。そのうちの2つは「開発的な機能」と「予防的な機能」[6]と呼ばれ，教育相談において主に積極的な指導を支えるものである。他の1つは主に消極的な指導を支えるもので「治療的な機能」と呼ばれるものである。以下にその3つの機能を簡潔に紹介しておこう。

まず「開発的な機能」であるが，それは教育活動の諸領域における指導と教育相談が相互に補い合って，より良い成果をあげうることを示す機能といってもよい。それは教師が教育相談の姿勢と技法を身につけ活用することで，すべての子どもや子ども集団と良好な関係をつくることが可能となることを示して

いる。すなわち小集団や大集団のなかで個人の力を引き出す広義のカウンセリングの技法(7)（たとえばエンカウンターやアサーショントレーニングなど）を教育的な指導法のなかに取り入れることにより，教師と子どもだけでなく子ども相互間の理解が進み，信頼関係が築きやすくなるということである。それは競争や賞罰を活用した外発的動機づけとは本質的に異なり，内発的な意欲や関心を引き出し，自発的な思考と表現の活動を生みだす可能性を広げる機能である。

ただしここで重要なことは，カウンセリングの技法をカウンセリングの姿勢と一体のものととらえることである。実際には技法だけを利用しようとする人が少なくないが，それでは成果をあげることは難しい。なぜならカウンセリングの姿勢とは，教師が子どもの立場に立ってその思いを理解しともに考え，ともに学び続けることを意味するからであり，この姿勢を欠いて技法だけを利用しようとしても，それは子どもたちを操作することにつながりかねず，人間関係のなかに不信が生みだされることが少なくないからである。教育相談は信頼関係のうえに成り立つ活動であり，その関係を創り出すカウンセリングの姿勢を教育活動に生かすことこそ開発的な機能の意味だといってよい。

次は「予防的な機能」についてであるが，今日，子どもは家庭や学校における人間関係のなかで不安やストレスをかかえることが多くなっている。その不安やストレスが学校生活への適応に困難を感じさせるほどに強いものであるとき，子どもはいつもとは違うなんらかの変化を示すものである。予防的な機能とはその小さな変化になんらかのシグナルを感じたとき，担任教師が相談担当教師やスクールカウンセラーと相談して，不適応状態に陥らないようにその子どもを援助することである。それは教育相談の姿勢と技法を活かして子どもの不安定な心を受けとめ，話を聴き取り続けることであり，それによって築かれる信頼関係の深まりを通して，その子どもが安定した心を回復できるように援助することを意味する。

これら2つの機能を駆使したとしてもなお，心身症的な症状や非社会的な行動を示し続ける子どもがいる。そのような状態や行動に陥った子どもが日常的な学校生活を送ることが困難になったとき，担任教師は相談担当教師とともに

臨床心理学や精神医学あるいは社会福祉の専門家とも連携して，その児童・生徒を支えなければならない。それが「治療的な機能」である。担任教師はその連携した取組みのなかで子ども本人の内面とその家庭の状態をより深く理解し，子どもに対する自分自身の姿勢とかかわり方を修正していくことが必要になる。

3 教育相談の対象と方法

1 対象としての児童・生徒・親・教師

　教育相談の機能をこのように理解したうえで，あらためて文科省による教育相談のとらえ方を見ておきたい。『生徒指導資料第15集』(1980)によると「学校における教育相談は，生徒の自己実現を促進するための援助手段のひとつである。言いかえれば，生徒自身が現在の自分および自分の問題について理解し，どのようにすればその問題を解決できるかについて自己洞察をし，自らのうちに持つ力によって，自己変容していくことを援助する活動の過程である」と説明している。

　また，『生徒指導の手引き（改訂版）』(1981)によると，教育相談とは「個人の持つ悩みや困難の解決を援助することによって，その生活によく適応させ，人格の成長への援助を図ろうとする」ことを目的として，「一人一人の子供の教育上の諸問題について，本人またはその親，教師などに，その望ましいあり方について援助，指導すること」を意味すると述べている。

　非常に簡潔な説明であるが，ここには先に述べた教育相談の3つの機能にかかわる認識が示されているとともに，もう1つの重要な点が指摘されている。それは学校における教育相談が子どもを対象とした教師の活動だけを意味するものではないということである。子どもの人格のよりよき成長を援助するためには，親や教師を対象とした援助や指導もまた教育相談に含まれるからである。さらにこの説明からわかることはすべての教師による子どもへの援助，指導という，学校における「日常的」関係のなかで行われる教育相談のほかに，「非日常的」関係のなかで親，教師そして子どもを対象とする実践も教育相談には含まれるということである。すなわち教育相談をその対象に着目して見直して

みると，相談活動とはその「主たる対象である子ども」のほかに，子どもの「援助者である親と教師」を対象とした「援助者に対する援助」をも含む重層的構造をもつものだということがわかる。

2　相談活動の方法と主体

相談活動の機能と対象に関する以上のような把握を前提にすると，それぞれの対象に対する相談活動の方法がどのようなものであるかが次の問題となる。以下にそれを見ていきたい。

①　ガイダンス（指示的カウンセリング）

まず当事者である子どもに対する相談活動の方法から見ていきたい。そのなかにはまず通常の授業や学級活動に適応して活動している子どもたちに対するものがある。それはすでに前節で述べた開発的な機能のことであるが，そこで活用される方法はガイダンス（指示的カウンセリング）と呼ばれている。つまりガイダンスとは学校における生活や学習の目標と子ども個々人の特性とのマッチングをはかり，学びの活動を主体的で意欲的なものにするためにすべての教師に求められる指導方法のひとつでもある。

②　カウンセリング（非指示的カウンセリング）

次は予防の機能や治療の機能を必要とする子どもに対する相談活動の方法である。それをカウンセリング（非指示的カウンセリング）という。それは授業や学級の活動に対する適応が困難かあるいは不可能になっている子どもに対して，まずは信頼の関係（ラポール）を形成しつつ，同時に適応を困難にしている内面の表出を促し，自己の表出にゆっくりとかかわりながら内面の整理を支援する方法のことである。この方法はカウンセリングの姿勢と技法を修得している者が行い得るもので，多くの場合経験を積んだ相談担当教師（教師カウンセラー）かスクールカウンセラー（心理カウンセラー）あるいは両者がそれを担当する。

③　カンファレンス（相談・協議）

さらに子どもの援助者である教師に対する相談活動の方法がある。そのなかでまず子どもにかかわるすべての者が集まって話し合う方法をカンファレンス（相談・協議）という。子どもが適応上の問題をかかえた場合，学校の現場には

いまなお担任教師の指導責任を問う傾向がある。カンファレンスはこの傾向を克服した学校で，担任教師を孤立させずに支えるシステムを築くなかで生みだされた活動のことである。そのシステムを「チーム」と呼ぶ。チームは困難をかかえた子どもの数だけできるもので，担任教師のほか教師カウンセラー，養護教諭，生徒指導主任そしてスクールカウンセラーや医師などが加わり，具体的な事例への対応について各専門分野からの見立てを，対等な関係を前提に出し合いながら相談と協議を進めていくシステムである。教育の専門家である教師は他の専門家との相談と協議に参加するなかで心理学的な子どもの見方を学び，学校にある教育資源の意味を見直しながら子どもとの適切なかかわり方を見いだしていくのである。

④　**コンサルテーション**（相談・助言）

そして次は困難をかかえた子どもの援助者である親に対して行う相談活動であるが，その方法をコンサルテーション（相談・助言）という。コンサルテーションは，相談担当教師かスクールカウンセラーあるいは養護教諭などとともに担任教師が保護者と面談し，親の不安や要望を受けとめながら必要不可欠な助言を行う方法である。その時教師が行うことは，わが子の苦悩に直面して自責の念に駆られた親に対する助言や指導ではなく，親の思いを理解し，いっしょになって子どもの苦悩を軽減させる方法を考えていくことである。

さらに不登校の場合を例にとると，この方法を発展させるケースとして校内に不登校児の親たちによるいわゆる「親の会」を組織し，似通った不安をもつ親たち同士が互いの話を聞き合い語り合う場をつくることの有効性も確かめられている。「親の会」には相談担当教師か心理カウンセラーが参加して話し合いに耳を傾けるとともに，子どもに対する援助者としての親のあり方についての助言を行い，親の自覚を深めて相談機能を充実させることもこのコンサルテーションには含まれている。

4 教育相談の意義——学校の危機を念頭において

1 子ども観の深化

　いじめ・自殺や不登校が増えており教育相談に関する教師の力量が問われている。一方で、教師たちのなかからは「子どもが見えない」という焦りにも似た声が聞こえる。社会の急激な変化を背景とした子どもの感性と大人世代の感性のズレがそこにあることは疑いない。だが、いじめ・自殺や不登校そして突然起きる（ように見える）凶悪な少年事件の続発などを前にして、大人社会はそのズレを分析する術もなく、自分自身の不安を教師と学校そして加害者の親への批判として吐き出すことがあまりにも多い。とくに子どもの自殺や凶悪な事件が起きるたびに、そのシグナルを見落とした教師と学校に対する失望の声は大きくなる。

　その批判と失望の声に直面して、教師の多忙をこそもっと直視すべきだという反論の声も聞こえてくる。子どものシグナルを見抜くどころか子どもといっしょに活動する暇さえもてない現実が学校にはあるからである。その意味でこの反論は正しい。しかしながらたとえ1人でも子どもが傷つき命が失われた現実を前にするとき、教師はもっと子どもの声を聞きシグナルを見抜くべきだという批判の声が説得力をもつのも事実である。なぜならたとえ教育条件の改善があったとしても、教育相談の姿勢を学ぼうとしない教師には子どもや親の声を聞かない場合が多いからであり、そういう教師に対しては相談する気持ちにもなれないことを、子をもつ親ならば誰でも経験していることだからである。

　実際、苦悩やストレスをかかえ込んだ子どもが発するシグナルは、言動の善し悪しを評価し指導しようとする教師の目からは見えにくい。沈黙や反発をも含むシグナルとしての言動は、教師が注意し指導すればするほど教師の目からは遠ざかっていくものだからである。それは注意し指導する教師を避けるという簡単なものではなく、苦悩やストレスへの無理解と無神経を教師に感じるとき、子どもはいっそう深い絶望感に追い込まれることを意味する。このような子どもの心の動きが教育相談の姿勢を学ばぬ教師にはわかりにくいのである。

子どもの言動をシグナルとしてとらえる子ども観に立つということは，教育相談の視点を学び取ることによってはじめて養われる力のひとつである。それは教育的視線から見ると影となる部分に光を当てる新しい視線の存在に気づくことでもある。つまりそれは子どもの言動に対する是非や善悪という評価の視点を保留してその言動の意味と背景を考えることであり，指導して気づかせようとする気持ちを保留して話を聴き続け，児童・生徒の気づきを待てるようになることを意味する。このような力こそ一定の研修と訓練を積み，教師自身の自己認識を深めることを通して身につく子ども観の中身なのである。それは指示的カウンセリングの技法を採用する教師にも非指示的カウンセリングの技法を好む教師にも共通する，子どもの内面とその背景を理解する力にほかならない。

　教育相談の視点を身につけた教師が増えることで，学校には苦悩やストレスをかかえる子どもが自らの力で心の問題を乗り越えるのを援助する可能性が開かれる。それは生徒指導と教育相談とを対立してとらえて教師たちが反発し合ったり，教育相談は「甘やかし」だと公言して保健室や相談室の利用を制限するような学校とは本質的に異なる学校になることを意味する。そのような学校では子どもたちだけでなくその親の気持ちをも理解し支えることが可能となり，さらに外部の専門機関と連携することでより効果的に子どもの苦しみの克服を援助することが可能になるのである。

　こうした子ども観を身につけるために教育相談やカウンセリングの研修に参加することを通して，教師自身が自己理解を深め合い支え合う人間関係を体験することは重要である。それは子どもとの関係を暖かな人間関係に組み替え，自己理解と相互の信頼を深めるクラスづくりにも非常に有効なものとなるからである。

2　教育における連携の重要性

　最後に，教育相談が提供するすべての教育活動に資する有効な視点と方法のなかから，あらためて見ておきたい問題を整理しておこう。それは，教育活動

と学校経営のシステムとの関係を見直すための重要な契機となる連携という視点についてである。

　開発的な機能を自覚的に追求する場合も予防的な機能を活用したいと気づいたときにも，教師にとって大切なのは教師カウンセラーや養護教諭など同僚教師との連携である。これは学校の教育活動における「教師間連携」の重要性をもっとも端的に示す場面である。一般的にいっても，多様な個性をもつ教師同士や職務間の連携なしに学校で本来の教育活動を進めることは難しい。今日の子どもが示す状況は，教師カウンセラーや養護教諭など教育相談に精通した同僚との連携なしに，担任教師が教育相談を実践することが不可能であることを教えている。この事実は今日の教育相談が，教師同士を競争させ孤立させる学校経営と本質的に対立するものになっていることを教えてくれる。

　その意味で，数字で表現された目標（自己目標であれ与えられた目標であれ）から出発し，その達成の程度で教師を競わせる成果主義は，子どもの状況を深く理解するための連携から出発してよりよき発達に向けた支援に徹する教育相談とは本質的に相容れない。つまり成果主義を導入した学校経営は教育相談と両立することができないということである。しかも成果主義の教員評価が人事考課制度と結びつけられて実施されるとき，教師の孤立化はさらに進み教師間の連携した教育活動を阻害することは避けられない。

　その弊害はとくにクラスや部活におけるいじめなどの生徒間トラブルの発生や不登校の出現を隠蔽する傾向を強め，結果として教師によるシグナルの把握を困難にさせて，自殺などの深刻な結果に導く可能性を高めるという悪循環をもたらすものである。したがってなんらかの事件が起きたとき，社会から問われるのはもっぱら担任教師の力量や資質であるが，そこで教師に求められるのは学校経営が教育相談活動を成り立たせるシステムをつくり出していたか否かを問う力量であり，それを実現するために学校を改革する力であることを知る必要がある。

　さらに今日，教育相談に求められる連携は学校内における教師間連携にとどまるものではない。周知のように 1995 年から始まったスクールカウンセラー

の試験的導入は，子どもたちの変化に対応する新たな試みとして大きな期待を抱かせるものだった。しかし現実の問題は学校に教師以外の専門家が半ば日常的に配置されることの難しさであった。教師たちはスクールカウンセラーを連携の相手としてではなく，適応に困難をかかえる子どもの問題解決を任せられる専門家として受けとめる傾向が強かったし，同時に子どもをただ甘やかすだけの存在として否定的に見る傾向も強かった。つまり教育相談の成熟のために教師たちに求められた「専門家間連携」とはほど遠い困難に満ちたスタートだったのである。さらに2002年度以降はスクールカウンセラー未配置校には「心の相談員」が配置され，準専門家との連携も求められるようになり，事態はさらに複雑になっている。

このような困難を越えるには，教師とスクールカウンセラーの双方が自らの役割と専門性を相対化し，子どものために協力しあう関係の創出が不可欠である。その創出を促進する役割を担うのが，カウンセリングについての知識と経験を積んだ教師カウンセラーたちである。教師カウンセラーは困難をかかえた一人ひとりの子どもに対応して，先に紹介したチームの軸となり，情報の交換と問題の検討を行うカンファレンスの場としてそれを機能させてきたのである。チームにおけるカンファレンスを通じて教師たちは子どもの言動の奥にある心に着目することの重要性を知り，スクールカウンセラーたちは集団の活動にはたらきかけて一人ひとりの能力と人格を育てる教育の仕事への理解の深まりを見せるようになっている。

いま教育相談に求められているひとつの大きな課題は，この専門家間連携をさらに成熟させる試みであり，それを中心になって担う教師カウンセラーの校務における位置づけの見直しと，その計画的な養成だということができる。

【広木　克行】

注
（1）　原野太郎『教育相談』第一法規，1981年。
（2）　平木典子『カウンセリングの話』朝日選書，1989年。

（3）　教員養成大学・学部教官研究集会『教育相談の研究』金子書房，1984年。
（4）　稲葉宏雄「授業と生活指導」『教育学講座17　学校生活の指導』学習研究社，1979年。
（5）　大野精一『学校教育相談理論化の試み』(ほんの森出版，1997年)，栗原慎二『新しい学校教育相談のあり方と進め方』(ほんの森出版，2002年)に詳しい。
（6）　近藤邦夫は『教師と子どもの関係づくり』(東京大学出版会，1994年)のなかで学校臨床心理学の立場から，これを「開発的」ではなく「発達促進的」介入と表現している。筆者もわかりやすさという点からこの表現を評価しているが，ここでは教育相談学会で広く使われている「開発的」機能という表現を採用する。
（7）　國分康孝はエンカウンターとカウンセリングを明確に区別し，エンカウンターを集団的な教育法と呼んでいる。『エンカウンターとは何か』図書文化，2000年参照。

考えてみよう

1．教育相談における教師カウンセラーの位置と役割の重要性について考えてみよう。
2．教育相談の3つの機能と関連づけて教育相談と生徒指導の関係について考えてみよう。
3．成果主義的学校経営が教育相談に及ぼす問題点について考えてみよう。

参考文献

横湯園子『臨床教育心理学』東京大学出版会，2002年。
栗原慎二『新しい学校教育相談の在り方と進め方』ほんの森出版，2002年。
庄井良信『癒しと励ましの臨床教育学』かもがわ出版，2002年。
澤田瑞也他『こころの発達と教育臨床』培風館，2001年。
松原達哉『学校カウンセリング―援助と指導の基礎・基本』学事出版，1999年。
近藤邦夫『教師と子どもの関係づくり』東京大学出版会，1994年。
高垣忠一郎『登校拒否・不登校をめぐって』青木書店，1991年。
平木典子『カウンセリングの話』NHK出版，1989年。

第2章 カウンセリングと教育相談

1 カウンセリングとは──その対象と目的・立場

　教育現場でのカウンセリングは，子どもであれ，その親であれ，なんらかの問題をかかえて悩んでいる人間を援助する方法である。しかし，カウンセリングをすれば，非行や登校拒否をなくせるという言い方で，カウンセリングの効用を説くことは，カウンセリングの本来の目的からいって適切ではない。

　なぜならば，カウンセリングは非行なら非行，登校拒否なら登校拒否という問題を対象としてそれをなくすことが目的ではないからである。カウンセリングは，あくまでも非行や登校拒否などという問題をかかえた子どもあるいはその親あるいはその教師，すなわち人間を対象としその人間にかかわり，その人間の内面の苦悩に寄り添い，内面の成長，変化を促すことを目的としているからである。もし現象としての問題がなくなるとすれば，それはあくまでもその人間の内面的な成長・変化を通してのことである。だから，あくまでもカウンセリングは「問題に対する対策的な取組み」ではなく，「問題をかかえた人間への取組み」なのである。

　また，カウンセリングにおいては対象となる人間の一人ひとりを，かけがえのない自分の人生を生きる主人公，かけがえのない独自の存在として尊重する。それは対象となる人間を非行なら非行といった問題の一サンプルとしてみ，十把ひとからげに分類し扱う見方とは根本的に相容れない。客観的には，その人間のかかえる問題が一般的な社会的矛盾の引き起こす一事例にすぎないように見えようとも，その当人にとっては，その問題はその人独自のかけがえのない生いたちや生活を背景にして生じる固有の意味をもっている。

それゆえ，カウンセリングにおいては，来談者（クライエント）の語る一つ一つの言葉の重さとそれにこめられたその人独自の気持ちや感情（意味）を大切にし，それを受けとめることに努力する。その点を見失えば，クライエントを問題別に分類し，あれこれの処方箋に基づいてクライエントを操作しようとする態度に陥ることになる。

またカウンセリングにおいては，クライエントがその苦悩によって混乱し，問題解決の方途を見失っているにしても，適切な援助が与えられるならば，自分で自己決定し，問題を自ら解決してゆく能力を発揮するであろうことを信頼する。問題を解決してゆくのはあくまでもその人自身であり，その人の人生をきめるのは，あくまでもその人自身であるという立場に立って援助するのである。

2 教育相談とカウンセリング

1 カウンセリングと相談・コンサルテーション

「カウンセリング」といえば，日本語にすれば「相談・助言」と訳されたりする。しかし，そう訳すと少しイメージがずれてしまう面がある。「相談」というと「コンサルテーション」の相談がある。コンサルテーションの相談は，「経営相談」「法律相談」「行政相談」「医療相談」のように，その道の専門家が専門の知識や情報を提供して，問題解決のための助言・指導をするというイメージで理解される。

学校で行われる「教育相談」も教育の専門家である教師が問題や悩みをかかえる子どもやその親の相談に乗り，教育専門家としての経験，知識，理解に基づき，助言や指導を与えて，悩みや問題の解決を援助するという側面が強いものであろう（たとえば，『学校教育相談カウンセリング事典』教育出版には学校教育相談を定義して「広義には一人ひとりの子どもの教育上の問題について子どもやその親・教師などから相談を受け，その問題の解決のための助言をし，子どものもつ悩みや困難を解決することにより，悩みある子どもがよりよく適応できるようになり，人間的成長が果たせるような助言と指導をすることである」とある）。

しかし，カウンセリングをそういうイメージで理解すると，カウンセリングの実際とかなりずれることになる。「カウンセリング」（英語でcounselling）という言葉はラテン語のcomsiliumに由来し，その元来の意味は「ともに考慮する」ということなのだそうだ。「ともに考える」だから，一方的に専門家が知識や情報を提供し解決策を示すというものではない。「いっしょに考えましょう」ということだ。クライエントの話にしっかり耳を傾け，ともに考えていく。そういう面にウェイトをかけた仕事がカウンセリングの仕事である。

2　教育相談とカウンセリング

　専門家による，助言・指導というよりも，耳を傾け，ともに考えることにウェイトをおいたカウンセリングがなぜ必要か，そのことを考えよう。

　たとえば，子ども問題で悩む親の相談に乗るとき，子どもの問題に正しく適切に対応できる「よい親」であるためには，「こうあるべき」「こうしないといけない」と相談員に指導され，助言されても，親はすぐにはそうできないことが普通である。そして下手をすると，相談員から指示され助言された通りできない自分を「ダメな親」と責めたりする。自信をなくしていく。相談に行けば行くほど，自分をできの悪い生徒のように感じてしまう。そういうことも少なくない。

　教育相談では自分が子どもの様子や事の経過を報告すると，相談員が「それはこういうことだ。こうすべきだ」と答えを教え，助言するパターンの相談になりがちである。そういう相談では，親は事情を報告してどうすべきか「答えを求める人」，相談にあたる教師は「答えを与える人」と，役割分担が決まってしまう。

　そういう場合，親は答えを持って帰って，そのように努力するがうまくいかないこともある。先生の言うようになかなかならない。そうすると自分の子どもが特別ダメな子に見えてきたり，自分が先生の指示通りにできない，できの悪い親のように思えたりして，落ち込んだり自信をなくしたりすることになる。先生の助言や指示が自分の感じや思いとちがっていて，納得できないことがあ

っても，やはり相手はたくさんの子どもを見ている教育の専門家だから，先生の言うことが正しいのだろうと半信半疑で帰ることになる。

もし教育相談がこんなパターンに陥れば，それは実にまずい相談である。相談にあたる教師（専門家）は正しい答えを教えてやっているつもりかもしれないが，肝心の親の方は自信をなくしていく。子育ての主体，問題解決の主体として，自分の頭と心を信頼しながら自ら答えを見つけ出していくという姿勢を失っていく。

「この先生に正しい答えを教えてもらわないと自分はダメなんだ」というふうに"専門家"に頼らせ，依存を強めさせることが援助者の仕事ではない。逆である。悩みながら，苦しみながらも自分で自分なりの答えを見つけ出していけるように，そして自らの人生の主体として生きられるように援助するのが援助者の仕事である。

③ 変化と理解を求めるクライエント

たとえば登校拒否の子ども自身がカウンセリングを受けに来ることもある。子どもは学校に行けなくなって苦しんでいる。学校に行けるようになりたい。学校に行けないような「ダメな自分」「みじめな自分」でなくなりたいと，変化を求めている。また，そのように変化を求めて苦しんでいる自分の気持ちをわかってほしいと，理解を求めている。

そういう子どもの親がカウンセリングを受けにくることもある。親は，子どもが元気に学校に行けるようになってほしい。学校に行けない子どもと向き合って苦しまねばならない自分の状態から脱出したいと，変化を求めている。また，そのことで苦しみ悩む自分の気持ちをわかってほしいと，理解を求めている。

いずれにしても，問題や悩みをかかえてカウンセリングを受けに来る人は，変化と理解を求めている。それに応えて援助するのがカウンセリングである。その援助は単なる知識や情報を提供し，助言し，指導するかたちでは実現できない。

問題の性質によっては、専門家が専門的な知識や情報を提供し、助言し、指導することで簡単に解決できる問題もあるだろう。しかし、登校拒否や家庭内暴力、非行、神経症的な問題などで苦しむ子どもの問題は、知識や情報の提供、通りいっぺんの助言では解決できないことが多い。そのような問題をかかえ、悩み苦しむクライエントの場合、その悩み苦しむ自分をしっかり受けとめられ、理解されることが、変化への支えとなり、原動力となる。

たとえば登校拒否の子どもの親は、しばしば子どもに裏切られたという怒り、このままだと子どもがますますダメになってしまうのではないかという不安や焦り、自分の育て方が悪かったのではないかという罪責感、自信喪失などによって苦しみ、情緒的に混乱している。そのような親の気持ちをしっかり受けとめ、理解することを抜きにして、ただ知識や情報を提供し、「こうしたらよい」と助言したとしても、親は適切に行動することができない。

怒りや不安、焦り、罪責感などに支配され、それに駆られて不適切な対応をして、ますます子どもを追いつめたり、事態を悪化させる状態から脱却することが難しい。まずその感情を受けとめ、理解されることで心が癒される。そして心の平静さをある程度取り戻していくなかで、冷静に問題解決の方途を考えることもでき、助言された方向で自分を変化させていくことも可能となる。

だから、カウンセリングの場合、相手の気持ちを受けとめ、理解することがなによりも大切な仕事になるのである。ところが、この相手を理解するということがなかなか難しいのである。

1　人を理解するとは

人を理解するとはどういうことか？　人の理解の仕方に、少なくとも２つの理解の仕方がある。ひとつは、その人についての（外側からの）理解である。もうひとつは、その人を（内側から）理解することである。

たとえば、相手を「神経質な子」「友だちつきあいのへたな子」「几帳面でまじめな人」「過保護な親」と理解するというようなとき、その理解はその人についての外側からの理解である。それもひとつの理解のあり方ではあると思う

が，しかし，そのように理解されたとして，相手は本当に自分をわかってもらえたと感じるであろうか。おそらくそうは感じられないであろう。

しかし，人々はしばしば，そのような外側からの理解によって相手をわかったつもりになっていることがあるし，そうした理解に基づいていろいろ反応したりする。たとえば，「この子は甘えて学校に行けない。だから甘えさせないように厳しく対応しなければならない」と考えて登校を強いる。それは，その子についての外側からの理解に基づく反応である。

苦しみ悩んでいる人に対しては，このような対応でその人が変化することはまずない。自分のことを本当にわかってもらったと感じられる理解。苦しみ悩む人にとって，まずそのような理解が心の癒しとなり，変化への条件となる。

相手を理解すること。それは相手の心の中に入っていって，相手を内側から理解することである。相手がどのような気持ちで何を感じ，何を思って日々生きているのか。それを相手の立場で，相手の内側から理解することである。カウンセリングでなにより大切にするのは，そのような理解である。それを「共感的理解」という。

今，苦しみの渦中にあって，誰も私の苦しみをわかってくれないと思っている人は多い。わかってもらえないということが，さらに大きな苦しみとなっている。そのような人にとって，理解されることがまずなによりの癒しである。しかし，そのような理解を実現することは，実際にはなかなか難しいことである。

2 人を理解することの難しさ

人を理解することは難しい。なぜ難しいのか，少なくとも3つの理由が思いあたる。

相手を理解するには相手が自分の気持ちや感情を表現してくれないと難しいが，相手に自分の気持ちや感情を表現することへの抵抗がある場合がある。人は自分の気持ちや感情を表しても大丈夫という安心感とか，相手に対する信頼感がなければ，自分の気持ちや感情を素直に表すことができない。

また人によっては，自分の感情を見せることを恥ずかしいことと感じていたり，めめしいことでよくないことと思い込んでいたりする。あるいは自分の感情を見せると周囲に波風が立って収拾がつかなくなるのではと，不安になるような緊張した家庭で育ってくると感情が出せなくなる。そういう人もいる。そういう人たちには感情を表しても大丈夫なのだ，感情を表すことで人間は理解しあえる，だからよいことなのだということを体験として知ってもらう必要がある。カウンセリングのなかでそういうこともするわけである。

　2つめには，感情や気持ちを表現することばの枠組みのちがいがある。ことばは人が自分の感情や気持ちを表現するための大事な媒体である。人は赤ん坊のときから，無数の自分の体験とことばを結びつけて成長してくる。その体験とことばの結びつけ方はある程度共通しているから，「寂しい」ということばを聞いたら，ああだいたいこんな感じだと，ある程度の理解はできる。

　しかし，もっと複雑で細かいニュアンスの気持ちになると，必ずしもそう簡単にはいかない。微妙なところまでことばの使い方がいっしょだとはかぎらない。たとえば，クライエントが「最近，寂しくて寂しくてしようがない」という。そのとき，その人が「寂しい」ということばでもってどういう気持ちを表そうとしているのか，すぐにはわからない。子どもの問題で相談に来る母親が「小さい時から過保護に育ててきた」などとよく言うことがある。だが，「過保護」ということばで言い表わそうとしていることが，母親によってちがっていたり，カウンセラーの理解ともちがっていることが少なくない。

　確かめると，「小さいときから，可愛い，可愛いで育ててきました」とか，「子どもが弱かったから危険にあわせないように先回りして，あれしてはいけない，これしてはいけないと育ててきました」とか，「欲しがるものはなんでも買い与えてきました」とか，いろいろ出てくる。

　それを聞いてはじめて，ああこの人は「過保護」ということばをこういう意味で使っているのだなとわかる。そうやって確かめなければ，相手の客観的に見える行動さえしっかりと理解できない。いわんや，見えない心の中の気持ちや感情はよほどていねいに確かめないと理解できない。相手がそのことばによ

って何を言わんとしているのか。そのことばを自分の枠組みで理解するのではなく，相手の枠組みで理解しようと努力しなければならないこと。それが相手を理解することの難しさのひとつである。

3つめに，人によって感じ方そのものがちがうことである。人は同じことに出会っても，同じものを見ても，感じ方がちがっている。その感じ方を決めている枠組みというものがある。それをカウンセリングのことばで「内的な枠組み」という。それが人によってちがうのである。このことを理解することは非常に大事なことである。

ある不登校の女生徒は次のように言う。「私は人に合わせることしかできない。合わせるのをやめることができない。私の体験している世界は，合わせないと拒否されて自分がなくなるという恐怖の世界です。合わせなくとも自分が受け容れられることがあるって，信じられません」さらに，「問いつめられるような調子で言われると，すぐに攻撃されているようで不安になってしまいます。批判的に何か言われたとしても，自分がまるごと否定されているわけではなくて，ある一部について言われているだけなのに，自分が全部否定されているように感じてしまいます」と言う。

カウンセリングに来るクライエントのなかには，こういう人は少なくないし，不登校の子どもたちのなかにも，こういう感じ方の枠組みをもつ子どもが少なくない。たとえばこういう感じ方をする人に，カウンセラーや教師が自分の感じ方の枠組みで「それはあなたの考えすぎだ。気のまわしすぎだ」と言ってもなんの解決にもならないのである。

人はしばしば自分の感じ方が当たり前の感じ方で，他人も同じように感じているものと思い込みがちである。しかし，ほんとうはそうでない。人はそれぞれに感じ方がちがう。感じ方の枠組みがちがうことをよく知っていることが，相手を理解するうえで本当に大切なことなのである。

3　変化を促す援助のあり方——指導とカウンセリング

人間には理屈でわかり，その通りに行動できる場合と，理屈ではわかっても，

その通りに行動できない場合がある。

　教育の場面で子どもを指導する場合，本来ならば説得と納得を大切にする。たとえば，「なぜそういうことをしてはいけないか」を説明し，子どもが納得して自発的にその説得に従うように導くのが指導である。そこには，ある程度理屈で納得し，わかればその通りに行動できるものだという前提がある。その前提が通用する場合も多かろう。

　ところが，心理治療やカウンセリングの場面では，説得によるのみでは解決しない「症状」をもつ人を対象とすることが多い。たとえば強迫的な考えや不随意的な行動や，絶えまない疑いや不安を，自分の意思でおしとどめることができない人がいる。彼自身，何度も手を洗うことが不合理であることをよくわかっているにもかかわらず，その行為をやめることができない。そういう相手にいくらその行為の不合理性を説明しても，その強迫的な行為をやめさせることはできない。

　「症状」とはこのように，自由な意識的コントロールのきかないものであり，自分で自分がままならないという様相を呈するものである。そのような「症状」をもつことは，治療的なカウンセリングへの，いわば「入場券」である。「症状」とまでいかなくとも「わかっちゃいるけどやめられない」ことや，「わかっちゃいるけどできない」ということがけっこう多いものである。理屈で説明されれば，なるほどそうすることがよいことはわかっても，なかなかその通りにできない。いわば「頭」に「心」がついていかなかったり，一方の心に他方の心が反する動きをしたりして，自分で自分がままならないことがけっこうある。

　そういう人に対しては，理屈で説明してなすべきことを指示するような助言や指導にとどまらず，それとはちがった働きかけや援助を必要とする。不登校の子どもをもつ親のように，大なり小なり情緒的な混乱を引き起こす深い悩みをかかえた人の相談にあたる場合にも，同様のことがいえる。

　たとえば，不登校の息子が弱音を吐いたり，泣いたりすると，「なんで泣くの！　情けない子やなあ！」というふうにしか受けとめられず，不登校の息子

の「弱さ」をなかなか受け容れられなかった母親が,「考えてみれば,私のなかに強いということはカッコイイことで,弱いということはみっともないことという見方があったのかもしれません」というふうに,どうしても受け容れてやれなかった心の奥にあるものに気づいていく。

このように,親の心の奥に,日ごろは気づいていないが,その親の心の動きや行動を支配する価値観やこだわりがあって,それがわが子の学校に行けない状態を受け容れてやることに抵抗している場合も少なくない。そのような場合には,ただ理屈で「受け容れてあげてください」と説得するだけでは親の態度や行動は変わらない。親自身が自分の感情やものの見方,感じ方を支配している自分の心の奥の価値観やこだわりに気づき,それとなんとか折り合いをつけ,心のありようを再構成していくことを援助することが必要になるのである。そうした援助をするのがカウンセリングである。

4 カウンセリングの方法

カウンセリングにおいては,カウンセラーがクライエントとの間につくり出す人間関係が,その方法の大きなウェイトを占める。カウンセラーとしての力量(技術や知識)をみがくことも大切だが,それだけでカウンセリングはできない。まごころのこもった信頼関係を成立させることがなによりの基本である。

カウンセラーはまず,クライエントにとって「そこにいて,すっかり聴いてくれる」存在である。そのような存在がそこにいるということだけでも,焦りや不安,怒りや恐怖などさまざまな感情に圧倒されているクライエントにとっては救いである。

カウンセラーは,自らの価値観や判断を押しつけることなく,まず相手の話しに耳を傾けそれを受容する。自らの価値観や期待にかなった話には積極的な関心をもってうなずいたりするが,そうでない話しには無関心であったり,拒否的であったりするということなく,クライエントの話す内容には「無条件の積極的関心」を払い,耳を傾ける。

善悪の判断や価値判断を簡単に下さず,自分の話すすべてに積極的な関心を

もって耳を傾け，受容してくれるカウンセラーの存在を前にしてクライエントは自分がまるごと尊重されていることを知り，自己防衛的にならずに，自由にありのままの自分を表現できるようになる。

またカウンセラーは，クライエントの自己表現を，クライエントの立場に立って「共感的に理解」する努力を払いながら傾聴する。クライエントは，自分が感じるように感じ自分が見ているように見ようと努力してくれるカウンセラーの存在を鏡にして，自分の感じ方やものの見方に気づき，あらためてそれを吟味し，反省してみることができるようになる。

こうした日常あまり体験できない人間関係それ自体が，クライエントにとっては積極的な意味をもつ新しい体験でもある。クライエントはこうした人間関係を拠りどころにしながら，自分と自分のおかれた状況を冷静にとらえ直し，もつれ混乱した感情によって背後からつき動かされていた受動的なあり方から自覚的に問題をとらえ返し，その解決に取り組む主体的・能動的なあり方へと変化してゆくのである。

5 カウンセリング的アプローチの意義

カウセリングは，カウンセラーが権威主義的に問題解決の方法を提示してやったり，クライエントの問題を自分が請け負い，肩代わりして解決してやるものではない。カウンセラーがそういう姿勢をとれば，クライエントは，自分の問題をカウンセラーに解決してもらおうとする依存的な姿勢を強めることになる。その分だけクライエントは，自分自身に頼ることが少なくなる，それは長い目でみるとクライエントのためにならない。

カウンセリングにおいては，ただ目先の問題を解決しさえすればよいとは考えない。カウンセラーが助けてやろう，答えを教えてやろうということではなく，クライエントの苦悩を理解しながら同時に同情におわらず，問題を真正面にすえてともに考えてゆこうという姿勢をとるなかであくまでもクライエントを問題解決の主人公として遇し，クライエントが自ら問題に取り組み，自ら解決の道を切り開いていく人間に成長するように援助するのである。

「俺が答えを教えてやる」「私が治してやる」といった権威主義的な援助は，仮にそれによって目先の問題は片づいたようにみえても，そのことの代償に，人々から自己決定の能力をうばい，自らの人生の主人公として振る舞う機会をうばい，依存的で無力な存在にしてしまう。それは角を矯めて牛を殺すようなものである。

　問題に対して腰をすえてじっくりと主体的に取り組むのではなく，安易に解決法(ハウ・トゥ)を求める傾向とそれに応えて権威主義的に「こうすれば解決する」と答えを提供する傾向が強まってきているように思える今日，このようなカウンセリング的アプローチの基本的な立場と精神は，社会や学校現場にもっと正確に理解されてよい価値をもつ。

　本来カウンセリングの立場と精神は，管理主義とは相容れないものである。子どもの言い分に耳を傾け宥めすかして，いまある体制に順応させることがカウンセリングのねらいではない。それは子どもなら子どもの苦悩を理解し，その奥に埋もれた願いを掘り起こし，支え励ましながら，子どもが自覚的な主体へと成長していくことを援助するひとつの方法なのである。そういう意味では本来，教育の営みとはまったく違うことをやっているわけではないし，根本的に矛盾するものではない。

6　教育現場におけるスクールカウンセラーの役割
　　──チームを組んでの取組み

1　学校・教師は誰もが接することのできる唯一の専門機関・専門家

　学校・教師は子どもや親の誰もが日常的にその援助を求めることのできる唯一の専門機関であり，専門家である。子どもや親のかかえる生活上，身体上，内面上のあらゆる問題が意図的，無意図的にまず学校に，教師に持ち込まれる。食事もろくにできない生活上の問題，腹痛や頭痛，下痢などの身体上の問題，元気がない暗い表情をしているといった内面上の問題，さまざまな問題に多くの場合「最初に気づきうる」立場に教師はある。地域における援助的な人間関係が稀薄になってきている今日においてはなおさらのことである。

学校に通うことが子どもたちの日常の生活であり，かかえる問題が日常生活になんらかの支障あるいは兆候として現れるからには，それらがまず日常的な学校での子どもの様子や通学の困難さ（不登校はその典型）として現れるのは当然のことである。

医療や福祉，心理などの他の専門機関にはある程度，問題が意識的に絞られて持ち込まれる。しかし，学校はそうではない。学校は教育機関だから教育上の問題だけ持ち込んでくれというわけにはいかないのだ。ありとあらゆる問題がほとんど無意識，無自覚に持ち込まれる。マスとしての子どもの変化に最初に気づくのも学校である。たいへんといえば，これほどたいへんなことはない。

2 「まるごと」の子どもと向き合うのが教育の仕事

教育の仕事は，子どもの人格の発達を援助するという仕事であり，人格とは生活の主体のことであり，生活の主体は「まるごと」で生きている。私は数学の教師だから，数学だけ教えていればよいというわけにはいかない。数学の時間に寝ている子どもがいる。立ち歩く子どもがいる。横を向いて坐っている子どもがいる。ちょっと注意するとパニックを起こす子どもがいる。数学以前の問題をいっぱいかかえて教室にいる。

そういう生活主体としてさまざまな問題をかかえながら生きている子どもに，「接ぎ木」するように数学の能力だけを身につけさせることなどできない相談なのだ。勉強というものは，それなりに心が安定していないとできないものだ。たとえば不登校の子どもたちは勉強しないといけないと頭では思っていても，心が追いつかない。勉強に手がでるようになるのは，相当に心が安定してからのことである。

教師の仕事が主要には授業で教科を教えることであるにしても，教師は子どもの学習する能力とだけ向き合っているわけではない。子どもというまるごとの人間主体と向き合っているのだ。それは，医者が病気と向き合っているのではなく，病気をかかえて生きている患者という人間主体と向き合っているのと同じである。

3 教育相談・カウンセリング的営みの必要性とあり方

(1) チームを組んでの取組みの必要性

　以上のような学校・教師の立場や特質からみて，今日の教育相談や学校カウンセリングはどうあるべきか？　生活主体としての子どもの「まるごと」の情報をできるだけ把握し，子どもがかかえている問題についての適切な「見立て」を行い，他の専門機関につなぐことが必要なら，そうするべきだし，学校・教師としてどのような取組みができるかを判断し，方針を出す必要もある。

　そんなたいへんな仕事を多忙な教師が一人ひとり，バラバラで行えるはずがない。教師集団として，複眼で子どもをとらえることのできる「チーム」を組んで取り組むことが不可欠である。医師，カウンセラー，養護教諭，各種ボランティアなどとの連携した取組みも必要である。

　臨床心理の専門家としてのスクールカウンセラーの役割には，子どもや親のカウンセリングを行うことと，教師へのコンサルテーションを行うことという主要には2つの役割がある。とりわけ今日の学校現場においては，困難な状況のなかで奮闘する教師への援助や学校ぐるみの教師集団としての教育力量を高めるために，専門家の立場から貢献することがなにより大切であると考える。

　筆者自身は長年，中学・高校でとくに行動上，心理上の問題をかかえた子どもへの援助に取り組む集団（「チーム会議」）に，学外の臨床心理の専門家（スクールカウンセラー）としてコンサルテーションを行う立場で参加してきた経験がある。その経験に基づいて，ここではとくにチームでの取組みの意義について述べたい。

(2) 問題の見立てと方針を出すこと

　「教育相談」にかかわるチームの最大の役割は，問題とされる子どものかかえる課題がなんであり，どういう援助を必要としているかを明らかにし，学校・教師としては何ができるのか，一定の方針を提示することにある。そこではまず，当該の子どもがどのような問題や課題をかかえているのか，ということを中心に，その子どもの理解を深め，その子のイメージをつくり上げることに論議が集中する。そのことを抜きにして，適切な援助の方向は見えてこないから

である。

　子どもが単に「どうした」「こう言った」という報告にとどまらず，それを教師がどう感じたかそのときの感情をも含めて話すときに，教師-生徒の関係が見え，関係のなかでの子ども自身の姿がよく見えてくる。したがって，チームの会議では参加者，とりわけ，担任教師が自分の悩みや混乱をも含めて，ありのままに自分を表現し，自由にものが言える雰囲気をつくり出すことがきわめて大事なことになる。担任が針の筵(むしろ)に座らされるような場であっては絶対にならない。

(3) 個々の教師の感受性を尊重すること

　たとえば，子どもの肩に触れると「カチンと岩みたいに硬くてハッとびっくりした」という感じ方ができて，すぐにそれを担任に知らせることができる同僚教師がいることが，教師集団としての生徒を見る目を鋭敏にかつ豊かにする。

　筆者がチームに参加していて一番感じていることのひとつは，たとえば，音楽，体育，国語，それぞれの教師にはそれぞれのセンサーがあることである。そのセンサーに引っかかってくる子どもの姿が，子どものイメージを浮き上がらせるジグソーパズルのピースのように提供される。それがとってもおもしろくて，有効なピースになる。たとえば，音楽の教師は当該の子どもの表現を声色もまねて生き生きと表現する。体育の教師は体育の時間でのその子の動き方，体の動かし方を目に見えるように表現する。書道の教師は字の変化を実物を持ってきて説明してくれる。そうしたことが子どものイメージを生き生きと描き出すのに非常に役に立つ。

　だから，スクールカウンセラーとして教師，あるいは教師集団に対するコンサルテーションを行う際には，こうした教師自身がもつセンサー（感受性）に引っかかってきた情報を自由に生き生きと語ってもらえるような工夫や配慮が必要である。

(4) ちがった視点や発想に立ってみることの大切さ

　問題に巻き込まれている教師は，それから距離をとれず，問題を一定の視点からのみとらえ，膠着状態に陥っている場合が少なくない。そういうときに視

点を変えてみる手助けをする。当事者である担任は，子どもとの距離が近いため振り回されてしまい，感情的に腹をたてたり困りはてて「なんでこんなに言ってもわからないのか」という気分になる。話しても話しても行動の改善がなければ，お手上げという状況に陥りやすい。そういう状況からちょっと身を引いて，「なんでかな？」と考えることができる余裕が必要である。しかし，渦中にいると1人ではなかなか視点を変えることは難しい。そういう場を提供できるのがチームでの論議である。

とりわけ，心理臨床の専門家であるスクールカウンセラーは，教師の発想とは違った発想で事態をみることができる。たとえば教師が「なぜ何度も人に厭(いや)がられるようなことをするのか，周囲に厭がられていることがわからないのか」というふうにみることを，「そんなに厭がられることを，なぜわざわざことさらにするのでしょうね？」というふうに違う角度から問いかけてみるようなことができるのがスクールカウンセラーである。

(5)「ああでもない，こうでもない」とみんなで考えることが大事

一番大事なのが「ともに考える」ことである。その土台に「ともに感じる」がある。会議のときに「うふふ」とか「うんうん」とか「えーっ」とかいう雑音，ノイズの響き合いがある。合いの手がいっぱい入っている。シーンとして無駄なく大事なことだけがしゃべられているみたいなお仕着せ会議ではダメである。「ともに考える」という，概念的論理的なレベルとともに，その土台に情緒的なレベルでも響き合っている。「なんかけったいな奴やなあ」とかぶつくさ言っているレベルがある。そのうえに乗っかって「ともに考える」という世界が開けるのである。

参加者が主体的に参加し，「ともに考える」ことによって，子どものイメージと方針が自分たちのものになる。チームのかたちをとった組織があっても，うまく機能していないところも少なくない。そういうところでは「ともに考える」という場になっていない。

自分の頭で考える'I think...'という主体性がなければならない。頭の中での問答である。若い教師のなかには学生時代からの受動的学習によって，そうい

うことが苦手な人も少なくない。ゆえにチームの会議はそういう教師に，自分の頭の中で「ああでもない，こうでもない」と問答する機会を与え，その練習をする場になることも期待される。

　そのためにも，スクールカウンセラー・「専門家」の指導を仰ぐという依存的，受動的スタイルに陥らないことが肝腎である。スクールカウンセラーと教師は，ちがう領域の専門家同士としてあくまでも対等の立場にあることを忘れてはならない。ときどき見かけるのは，教師がスクールカウンセラー・心理臨床の専門家に「お伺いをたてる」かのような態度で接することである。こういう態度は教師とスクールカウンセラーとの関係を壊してしまうし，スクールカウンセラーの活用の仕方を誤ることになる。

　スクールカウンセラーは教師のスーパーバイザー（上から指導する者）ではない。スクールカウンセラーは心理臨床の専門家である。教師は教育の専門家である。専門家ということでは対等の立場である。心理臨床の専門家が新米の心理臨床家をスーパーバイズすることはあっても，他領域である教育の専門家のスーパーバイズを行うということはありえないことである。その関係を勘違いしてはならない。

(6) 教師集団としての教育力量の高まり

　以上のような教育相談にかかわるチームを組んだ取組みによって，みんなで取り組むおもしろさ，集団に支えられたという実感や，さらに取組みによって「子どもは変わるんだ」という確信を教師はもつようになる。誠実に一生懸命問題を整理しながらやったらできるんだという手ごたえが，教師としての原点になる。それはまさに，教育の醍醐味を味わえるということである。そうすると困難な子どもをかかえても逃げない。とくに教師になりたてのころにこういう経験をすると，非常に大きな教育的確信になる。

　チームで子どもの問題をどうとらえるかという論議と経験を積むことによって，またその経験を教師集団にフィードバックすることによって，教師側の子どもをとらえる感覚が鋭くなり，問題をかかえた子どものサインを早期にとらえ，指導につなぐことができるようになってくる。その学校の教師集団として

の教育力量が高まるのである。

　教育行政や学校管理は，こうした教師たちの自主的なチームによる取組みを励まし，活性化するものであってほしい。昨今，教師を個々に評価し，それを給料に連動させるような処遇を広げようとしている教育行政の動きがあるが，はたしてそれが教師集団としてチームを組んで教育・教育相談に取り組んでいく機運を高めることにつながるのか，きわめて疑問である。　【高垣　忠一郎】

考えてみよう
1．教育とカウンセリング（心理臨床）のちがいは何だろう？
2．受容・共感と指導のちがいは何だろう？
3．カウンセリングは問題を人の心の問題に還元してしまい，社会的な矛盾に目をふさぐ役割を果たすという考え方があるが，どうだろうか？
4．たとえば，不登校問題について教師とカウンセラーとの協働はどうあるべきだろうか？

参考文献
高野清純・國分康孝・西君子編『学校教育相談カウンセリング事典』教育出版，1994年。
村山正治・山本和郎編『スクールカウンセラー』ミネルヴァ書房，1995年。
山本昌輝編著『心の教育とカウンセリング』八千代出版，2003年。
高垣忠一郎『生きることと自己肯定感』新日本出版社，2004年。

第3章　学級経営と教育相談（小学校）
――「いじめ」「不登校」問題にどう対応するか

1　教育政策・教育行政と学校現場とのミスマッチ

　いじめによる自殺者が続くなかで，学校教育に対する関心はいちだんと高まってきている。いじめによって子どもたちが自殺にまで追い込まれているような状況は，なんとしてもなくしていかなくてはならない。いじめ問題の解決は，いまや国民的な課題となっている。それだけに解決への具体的な対応が求められている。

　北海道と福岡県で起きたいじめ自殺の問題以降，教育委員会や学校の対応について，国民の間から，さまざまな疑問が生まれている。とりわけ文部科学省が1999年以降，いじめによる自殺はゼロであると公表してきたことに対し，多くの国民から厳しい批判が向けられている。

　毎日新聞（2006年11月4日付）によれば，1999年の5人をはじめ，2005年までの7年間で，少なくとも16人の子が，いじめによって自殺していると報道している。いじめの発生件数についても，2001年から2万件台で推移していると公表しているものの，実際はそれよりもはるかに多いものと思われる。

　いじめの実態把握は，いじめ問題に対応していくためのごく基本的なことである。それなのになぜ実態をつかめないのか。ここに教育政策や教育行政と学校現場との矛盾，ミスマッチの状況が端的に示されている。数値目標の押しつけや成果主義・競争主義が，教育現場にさまざまな問題を生みだす土壌となっている。いじめのある学級の教師は，力量がない教師だとみられがちである。したがって，たとえいじめがあっても，なかなか指導上の困難や悩みを出しにくい状況が生まれている。しかも教師に対する評価が給与にもつながるとなれ

ば，なおのこと実践上の困難を率直に出し合うことは難しくなる。学校教育では，教師がお互いに支え合い，協力し合うことが不可欠である。それが失われてきていることは，重大な問題である。いじめ問題の根本的な解決には，これらの問題を放置しておくわけにはいかない。

2 教師が「いじめ」で問われるもの
―― 子ども観と関係のとらえ方

1 いじめが深刻化したとき

　いじめには，「死ね」「消えろ」「臭い」「汚ねえ」「うざい」など言葉によるものから，無視，殴る・蹴るなどの暴力行為，金銭のたかりなどがある。エスカレートすることによって，被害者は精神的にも肉体的にも深刻な傷を負うことになる。この間，新聞で報道されたいじめのように，場合によっては自殺に追い込まれることもある。

　東京都児童相談センター心理士・山脇由貴子著『教室の悪魔――見えない「いじめ」を解決するために』のなかには，次のような雄二君の事例（第一章参照）が報告されている。

　「教室に入っても誰も雄二くんに話しかけないし，見ようともしない。一日中それが続く。授業でグループごとの作業になると，雄二君と同じグループになった子たちは「なんでこいつがいるんだよ」と言い，雄二君には何もやらせない。」

　いじめは，次第にエスカレートしていく。すれ違いざまに「死ね」「うざい」「消えろ」と言われるようになる。クラス全体に雄二君をいじめる雰囲気ができあがる。「みんなの視線，笑い声，内緒話がすべて怖く」なっていく。「掃除当番は雄二君ひとりに押しつけられるようになった。他の当番の子は何もせずに笑って話しているだけで，廊下にいる見張りが先生がきたことを知らせると，その間だけやっているふり」をしているという。「鞄を載せてある雄二君の机に向かって，その前の席の机のうえに立った孝君が，雄二君の机めがけて排尿していた。みんながはやしたてるように笑っていた」ということだ。

雄二君は，夜なかなか眠れなくなる。「頭痛と腹痛，激しい眠気を抱えながらも，重い身体を引きずって登校する」「音楽や図工などの後，教室にもどると，机の中に何か入っている。取り出してみると，ウサギの糞が山のように入っていた」という。

　雄二君にとって，給食の時間も苦痛で耐え難いものだったのである。「給食に，絵の具がたっぷり入れられた。次には，拾ってきたらしいたばこの吸い殻を入れられた。一度は食べ始めてから，底の方にゴキブリが入っているのに気づいた。給食を食べ終えて，担任が教室から出ていくと，孝君が「あいつ，ゴキブリ，食ってやんの」と言い，クラス中が爆笑したということだ。いじめがエスカレートしていったとき，どんな状況が生まれるものなのか，雄二君の事例が如実に物語っている。

　誰にも相談することができず，このような事態がさらに続くようであれば，自殺に追い込まれることも現実に起こりうる。幸い雄二君の場合は，心理士の山脇由貴子さんの的確な対応と，ご両親の努力によって学校側の姿勢が変わったことが，雄二君に対するいじめをなくしていくうえで欠かせないことであった。なによりも雄二君自身が，いじめに対する見方を大きく変えていったことが重要だったように感じられる。

2　笑顔までつくっていじめでないことを装う

　いじめによる自殺などのニュースに接するたびに，最悪の事態を招く前にいじめの事実を把握し，自殺にいたる前にどうして対応できなかったものかと悔やまれる。事実，いじめられている子には，なんらかの変化が現れる。本人が，いじめられている事実をどんなに隠そうとしても，子どもたちの様子を見ていると，なんらかの兆候は感じられるものである。表情や視線，友だちとの関係がいつもとちがっているような場合は，往々にしていじめられていることも少なくない。そんなとき彼の様子や，彼とその周りの子どもたちとの関係を注意して見ていると，彼が誰にいじめられているのかも見えてくる。

　音楽専科の先生があるとき，「Ⅰ君は4年生までは，ものすごく声量のある

声で歌っていたけれど，最近はほとんど歌わなくなった」と話してくださった。私も「どうしてだろう？」と気になり，音楽の授業に参加させていただいた。たしかに彼はほとんど歌っていないのである。専科の先生の方など，ほとんど見ていないのである。もっぱらＡ君の方ばかり向いている。Ａ君が右手でピースをすると，彼もそれに応えて，すかさずピースをするのである。もはや彼にとっては，授業どころではないのだ。Ａ君の動きを常に意識せざるをえないのである。彼はＡ君に合わせることで，できるだけいじめに遇わないようにしているのだ。子どもの様子が変化するのには，それなりの理由がある。それを知る努力をしないでは，子どもが納得するような対応はできなくなってしまう。教師がどんなにいっしょうけんめい指導しようとしても，子どもの思いとかみ合わなくなるようでは，かえって信頼を失うことだってある。

　もちろん子どもたちは，いまよりさらにいじめられることを避けようとして，あきらかないじめがある場合でも，それを自ら隠そうとする。かつて私が高学年を担任したときのことである。プロレスごっこをしながら，Ｓ君はＫ君を殴ったり蹴ったりしているのである。私から見れば，明らかにいじめである。私が「Ｓ君，Ｋ君をいじめちゃいけないよ」と注意したのであった。そのときＫ君は，「先生，いじめじゃありません。ただプロレスごっこして遊んでいただけです」と，笑顔までつくって語るのである。彼自身，いじめられていることはよく自覚している。こんな苦しみから，早く抜け出たいと切実に思っている。それなのになぜ彼は，笑顔まで装って，そんな対応をしなければならなかったのか。教師の前で，いじめられていることを認めれば，いじめはさらにひどくなるからである。ほんとうのことを言いたいが言えない。いじめられている子たちは，そんな思いで辛い学校生活を強いられている場合が少なくない。

　いじめられることは，どんなに屈辱的なことなのか，これまでの体験で本人は重々知っている。だがそれ以上に，クラスのみんなから浮いたり疎外されたりすることは，なお耐えられないことなのだ。クラスの友だちとの関係を細々とでも維持しなくてはならない。そのためには，自分の本当の気持ちとはちがっていても，いじめる側に同調することを余儀なくされる。

3　人間関係に敏感にならざるをえない

　教育現場では，最近の子どもたちは，「何度注意してもわからない。本当に幼稚だ」という言い方をする場合が，けっこうある。たしかに育っていない面があるのは事実だろう。ただ現代の子どもたちは人間関係には，きわめて敏感である。小学生でも人間関係に，こんなにも神経を使うものなのかと驚かされる。いじめや仲間はずしなどが日常的に起こるような空間では，人間関係に神経を使わなくては生活できなくなってきているのである。

　荒れたクラスを担当していたときのことだ。きょうはいつもより落ち着いて学習に参加しているなあと思っていると，体のがっちりしたA君が，「きのう，○○のテレビ，見た？」と，いきなり話し出したのだ。すると，あっちでもこっちでも，みるみるうちにおしゃべりが始まった。「授業中だから静かにしてね」などと注意しても，まったく通らない。注意はおしゃべりのなかに，瞬く間に消えてしまう。そうなると，胸がキューンと締めつけられる。教師としての自信が急速に失われていく。

　新しい学級を担任すると，何人かの子が授業中おしゃべりしているなどということは，なにも珍しいことではない。ただ，ひとりの子の言葉がきっかけで，一瞬にして教室中におしゃべりが広がるなどということは，私にとってははじめての体験だった。

　そんな子どもたちの姿を見ていると，現代の子どもたちの身体は，まるで宇宙からのかすかな電波をも受信しようとするパラボラアンテナのように思えてくる。自分が友だちからどう見られ，どう思われているのかが気になるのである。友だちとつながっているためには，友だちが何を話し，どんな動きをしているのか，敏感でなくてはいけないのだ。学校でこんなに神経を使っていたら，帰宅したらどっと疲れが出てくるにちがいない。家でごろごろしたり，ぼうっとしている時間も必要になる。おそらく大人が想像する以上にストレスを感じているのだろう。教師にとっては困るおしゃべりも，友だちとわずかでもつながり合っていたいという気持ちの表れではないかと思えてくる。自分もいじめられるかもしれない，友だちからいつ疎外されるかもわからないという不安が，

おしゃべりを生みだしているように感じられる。

4 矛盾をどう解決していくか問われる

　幸い私が担任したクラスは、一定の取組みでいじめや暴力がなくなっていく。事実、それにつれて、自然に授業中のおしゃべりも消えていった。当初は廊下側の壁に背をつけ、机の上に足を載せてふん反り返っていたK君。側に行って注意すると「うるせー」などと言って横柄な態度をとっていた彼が、まるで人間が変わったような様子で授業に参加するようになったのである。彼は歴史の授業が大好きになっていく。行事の都合で歴史の授業ができないときなど、どうして歴史の授業ができないのか、もし今日できないのであれば、あした必ずしてくださいと、「抗議・要求」しに来るほどに変わっていった。

　いじめ・暴力がなくなり、安心して生活できることが、子どもの内面の安定と成長・発達に、いかに重要かを子どもたちの姿を通して教えられた。子どもたちは、「小鳥のさえずりが聞こえるほど静かになったのでうれしい」と感想を記す。父母からは、クラスの変容ぶりに目を見張り、「夢のようだ」という声が寄せられる。

　それは私にとっても驚きであった。いじめあり、暴力ありのクラス。授業中に勝手に立ち歩く。奇声をあげたり、机を叩くなどして授業を妨害する。紙飛行機を飛ばす等々。4月段階のこの状況は、おそらく卒業まで続くにちがいないと思っていた。クラスの状況が、6月上旬には、こんなにも変わるなどとは予想もしていなかった。

　たいへんな状態の学級が、何をきっかけで、どのような取組みで変わっていったのか。この点について少しふれてみたい。

　学級で起こっているいじめや暴力の問題は、子ども同士の関係の問題である。したがって個々の子どもに個別にかかわっていくだけでは、解決は困難である。どうしても話し合いをしなくてはならなかった。ところが話し合いなど成立する状況ではないのである。学級会ができないのだ。話し合いをしなくては解決しない問題なのに、話し合い自体ができない。この矛盾をいかに解決していく

かが問われた。

　そこでいじめや暴力の問題を作文に書いてもらうことも考えてみた。1，2回作文を書いてもらって解決するような問題とはとうてい思えない。それじゃ，生活ノートみたいなものではどうだろうか。でも，これもうまくいきそうにない。生活のノートは，その性格上，日々の生活のなかから書きたい題材を，自ら探し綴るということである。自主的なものであれば，全員がいじめや暴力のことを書くなどということはありえない。しかも，いじめ・暴力がなくなるまで，一定期間，継続して取り組む必要がある。こんなことをいろいろ考えているうちに，ふと「紙上討論」というかたちを思いつく。紙上で出されたある事実や意見について，自分はどう感じたか考えたかを，書くことで交流・討論していく。普通の学級会などとはちがい，沈黙・静寂のなかでの交流・討論である。これなら，いま直面している実践上の矛盾を解決できそうに感じられた。この方法を思いついたとき，明るい兆しが見えたような気がした。

5　共感が広がるなかでいじめ・暴力の問題も

　このクラスで解決が求められる最大の問題は，いじめ・暴力である。しかし，そうであっても，紙上討論の最初の段階から，子どもたちがいじめ・暴力の問題を書き始めるなどとは考えられない。そんなことを書いたなら，もっといじめれるかもしれないと考えるほうが自然だからである。おそらく最初紙上討論に出されるのは，いじめ以外の学級のちょっとした問題かもしれない。たとえ小さな問題でも，ていねいに話し合うことだ。そこで共感し合う関係が生まれてくれば，学級の問題を出しても大丈夫だという雰囲気が広がっていくはずだ。支流をたどっていけば，いずれ源流に行き着くように，一見枝葉のように感じられる問題でも，紙上討論を進めていくうちに，いじめ・暴力の問題にたどり着くにちがいない。そんな思いで紙上討論を始めた。

　子どもたちが紙上討論の目的がはっきり意識できるように，「こんなことが許されていいのか―勇気ある発言・行動が「いじめ・暴力・差別」のない楽しい楽しい学級を創る―」というタイトルを毎回つけて取り組んだ。学級のみん

なにぜひ考えてもらいたと思った事実や主張をわら半紙（B4判）の左半分程度に収まるようにする。右側半分は，掲載した文章を読んで感じたこと考えたことを書く欄である。もちろん名前は記さない。明らかに誰が書いたかわかるような表現は削除する。ひと目で何を書いた文章なのかわかるように，文章のタイトルだけは私の方でつけた。こんな方針で取り組んだ。

　予想通り，最初はいじめのことなど，誰ひとり書く子はいなかった。問題らしいことといえば，ひとりの女の子が書いた「掃除をさぼって全然やらない人がいる」「エビなど食べてじんましんになるとバカにする」「道具箱を勝手にいじるので嫌だ」といった内容のことぐらいだった。この程度の内容でも，書くことでいじめられはしないかと，本人は心配したことだろう。

　ところが，集まった感想のほとんどは，「それはひどい」という彼女への共感の声だった。紙上討論を行うたびに，共感の声が広がっていった。子どもたちは次第に，辛かった出来事を安心して書き始める。漢字ドリルをカッターでギタギタに切られて，誰にも言えず悔しい思いをしたことが出される。デブと言われて辛い思いをしたことが綴られる。仲間はずしにされ，毎夜泣いていたときのことを書く子がいる。いきなりお腹にパンチを3発も受けた事実が紙上で語られる。

　共感の輪が広がるなかで，もっともいじめられ，完全に口を閉ざしていたIさんが，ついにいじめの事実を書き出したのだ。

　「いま修学旅行に行くか迷っています。昨年の林間学校のメンバーが，今年もほとんど同じメンバーだからです。林間学校のとき，ほとんどMさんがしきっていて，先生がいる時には，私を入れて，すごく仲の良いメンバーに見せるのですが，先生がいなくなったら，仲間はずれにするのです。「Mさん，なんで仲間はずれにするの？」といいたいのですが，なんかよけいいじめられたり，けられそうでいえなかった。……修学旅行でどんなことをされるかは，だいたい予想がつきます。だからこわいのです。……」

　この文章を載せたときには，「林間学校でも，いじめられていたなんて，まったく知らなかった」「楽しい思い出つくるはずの林間学校で，いじめるなん

てひどい」などという意味の意見が男の子たちからも出される。いままで明らかでなかったいじめや暴力，心を傷つける暴言，仲間はずしの事実が紙上討論で語られていく。

　紙上討論は，毎朝10分程度とって行われた。いじめや暴力，仲間はずしがなくなるまで紙上討論は続けると私が宣言したこともあり，休みの日を除いて，文字通り連日取り組んだ。

　朝プリント（「紙上討論」の用紙）を渡すと，とりわけいじめにかかわっていた子たちは，目を皿のようにして読んでいる。自分のことが載っていないか，気になるのだ。印刷した文章を読んであげたあと，その文を読んで感じたこと考えたことを各自が書いていく。紙上討論のときは，おしゃべりもほとんどなく，聞こえてくるのは，鉛筆で綴る音だけである。私にとっても，心が癒される時間だった。子どもたちの書いた文章には，すべて赤ペンを入れ，いじめられた事実を勇気を出して書いてくれたことを励ます。鋭い指摘やもっともな意見を讃える。必要なアドバイスを書き込んでいく。

6　いじめていた子たちが自ら反省しだす

　「紙上討論」での意見を読むことは，いじめ・暴力，仲間はずしにかかわってきた子たちにとっては，これまでの自分の姿を鏡に写し出すようなものであったにちがいない。きょうの紙上討論に出ていたことは，「私のことだと思います」というように，自ら名乗り出て謝る。自分が想像していた以上に，相手に深刻な傷を負わせていたことを知ることで，いけないことをしてしまったという気持ちが生まれる。強制・強要ではなく，いじめている本人が心から反省することで，いじめはなくなっていく。

　友だちを最もいじめていたT君は，「ぼくはいっぱいいじめてきた。リセットボタンのようにやり直すことができるのなら，人生をもう一度やりなおしたい」という意味のことを書いた。記している文字からも，真剣さが伝わってくる。T君が書いた文章を，すぐに印刷してみんなに配るようなことはしなかった。なぜなら，何年間にもわたって友だちをいじめてきた彼が，どんなに反省

しようとも，一編の文章でいじめを克服できるとは思わなかったからだ。

ただその後，彼の行動は確実に変わっていった。子どもたちからは，「マットや跳び箱などを前まではほとんど片づけなかったけど，きちんと運んだりするようになった」「友だちをいじめなくなった」「保育園のとき一緒だったけど，Tくんはいじめられていたんだよ。あのときのやさしさがもどった感じ」というように，彼が変わってきている姿が具体的に寄せられるようになった。

誰が見ても，はっきり行動が変わってきたところで，彼の書いた文章を印刷し配ったのである。悪いことをしても，ほとんど謝ることなどなかったT君は，学級会で今までいじめてきて「ごめんなさい」と詫びたのだった。表情にも，反省している様子がよく表れている。

いじめがなくなることで，学級が落ち着く。子どもたちが生き生き学習に参加するようになっていった。いじめ・暴力・仲間はずしが，いかに学級の子どもたちを不安定にさせていたかを，あらためて教えられる。「荒れている」学級ほど，「みんなと仲良くして，楽しい学校生活を送りたい」「いじめや暴力のないクラスになってほしい」「静かに勉強したい」という子どもたちの人間的な願いは，高まっていく。その願いに依拠しながら，取り組んでいけば，学級は変わっていくのである。「荒れた」学級ほど変革のエネルギーが秘められているというのが，私の実感である。

大事なことは，共感し合う関係を重視しながら，安心して自分の思いや考えを表現できるようにしていくことである。そのひとつの方法として「紙上討論」がある。学級の実態によって，当然対応が変わる。どの学級でも紙上討論が良いとはかぎらない。話し合いが成立しない状況だったので，紙上討論を行ったのである。状況によって，さまざまな方法が考えられる。大事なことは，共感し合う関係をどうつくるかということだ。

「教育再生会議」が主張するような「厳罰主義」で，はたしていじめは解決するのかどうか，はなはだ疑問である。いじめをなくしていくには，いじめる子のていねいな指導が不可欠だ。出席停止というかたちで，いじめを克服していくことが可能なのかどうか。ますます見えないところで，いじめが陰湿化し

ていく危険はないのか。いじめは子どもたち同士の関係の問題である。もし行き違いやこんがらかった関係があれば，それらを一つ一つ解きほぐし，お互いに納得し合うようにしていくことである。表面的な指導をしても根本的な解決は難しい。

3 不登校と向き合うとき──一人ひとりの心にふれて

1 低学年から不登校だった詩穂さん

いじめ問題とともに，不登校の問題の解決も，学校教育の重要な課題である。不登校といっても，一概には言えない。さまざまなケースが存在する。実態によって対応も異なってくる。ここでは私が現場にいたときに，実際に体験した風音詩穂（かざねしほ／仮名）さんのケースについて述べることにしたい。

詩穂さんは前の学校で，1年生の段階で不登校になってしまう。クラスにはたいへんな子たちがいて，落ち着かない状況だった。担任の先生は熱心に取り組んでくださるものの，うまくクラスをまとめていくことが困難だったようである。学級が困難であれば，教師はたいへんな子たちに労力をかなり割かれることになる。目立たない子には，どうしてもあまり目がゆき届かなくなる。そんなこともあり，詩穂さんが困ったことがあって「先生……」と話しかけても，十分な対応をしてもらえない。勝手なことをしだす子どもがいて，うまく指導できず，先生はつい厳しく対応する場合もあったのだと思われる。詩穂さんは低学年のころの様子についてふれた文章のなかで，緊張を強いられる雰囲気が嫌だったという意味のことを述べている。そんなこともあり，詩穂さんは学級へ通えなくなってしまうのである。

そこで校長室登校をするようになっていく。校長先生がとっても良い方で，詩穂さんの気持ちを大事にされ，やさしくていねいに対応してくださったという。詩穂さんは校長先生とお話したり，いっしょに学習したりすることが楽しみで，1年生の間は校長室へ通った。ところがその校長先生も，詩穂さんが2年生へ進級する直前の時期に異動されてしまう。そこでまた学校へ行けなくなる。区の「適応指導教室」へ通ったり，不登校の悩みをかかえるお母さん方が

集まって行われた「居場所づくり」の取組みに参加するようになる。徐々に詩穂さんの生き生きした姿がみられるようになっていく。2年生の後半に，詩穂さんはお母さんに「転校したら学校へ行けるかもしれない」と話す。転居を考えていた時期でもあったので，転校することにしたのだという。

　転校して新たな気持ちでスタートする。始業式の日から，帰るとすぐ遊びに出かけ，毎日めいっぱい学校生活を楽しんでいた様子だったという。ところが1カ月ほどすると，学校へまた行けなくなってしまう。こうして3年生でも，4年生でも不登校が続いた。

　詩穂さんが5年生になるときに，私が詩穂さんのいる学校へ異動した。偶然にも私が詩穂さんの担任をすることになった。始業式の日のことは今でも忘れられない。始業式が終わり，子どもたちを校庭の隅に集めて，明日の予定や持ち物などについて話していると，お母さんと女の子が近づいてくる。「あれ，どうしたんだろう？　教頭先生から転入生があるなどとは連絡をうけてなかったけど，けさ急に転入生があったんだろうか」と思っていた。子どもたちと〈さようなら〉をするとまもなく側に来て，「実は，うちの娘，詩穂は不登校なんです。……」と挨拶してくださった。そこではじめて不登校の詩穂さんであることがわかったのである。詩穂さんは繊細で，感受性が豊かであるように感じられた。不登校であることと，私とははじめての出会いということもあり，うつむいて黙っているだけだった。最後にお母さんが，「よろしくお願いします」と話されたとき，私はつい「きっと大丈夫ですよ」と語ってしまった。なんの根拠も確信もあるわけではなかった。なんとなく，詩穂さんは学校へ通えるようになるのではないかという印象を受けたからだった。

2　メールができることを知って

　この日から，詩穂さんの不登校からの旅立ちが次第に始まっていく。もちろん新学期が始まってもすぐに学校へ来ることはできなかった。長い間学校から遠ざかっていた詩穂さんには，学校に対する嫌なイメージを払拭するだけでも時間がかかることであった。そう思いながらも，始業式以来，何日も顔を合わ

せていないことが気になっていた。でもここで電話したり，訪問したりすることは，かえってマイナスに作用するにちがいない。電話や家庭訪問して学校に来るようなら，とっくに不登校など解決しているはずだ。ここは詩穂さんの気持ちを大事にして，焦らず取り組んでいこうと思った。いまはまだ学校へ足を運ぶまでにはいたっていないものの，詩穂さんの内面では葛藤が始まっているだろうと想像していた。詩穂さんは，前日の夜には「明日こそ学校へ行こう」と思いながらも，朝になるとどうしても気持ちが重くなり，玄関を出ることに躊躇してしまう。たとえ玄関を出て学校へ向かっても，校門のところで立ち止まり，引き返すこともたびたびあることだろう。そんな日々が，きっと続いているにちがいないと感じていた。

　ある日の放課後，校舎が静まりかえった午後4時ごろ，「先生，算数を教えてください」と詩穂さんがお母さんといっしょに教室に来たのだ。「よく来たね，お疲れさま。さあ，きょうから少しずつ勉強していこうね」という思いで，詩穂さんを教室に迎え入れた。

　学校に対して複雑な思いを抱かざるをえなかった詩穂さんが，「学校」の門という最大の難所を自らの努力とお母さんの援助で通過できたことに，心から拍手を送りたい気持ちでいっぱいだった。

　単にドリルなどで計算練習のみをするような学習は避けようと考えた。算数の世界のおもしろさ・楽しさ・深さをなんらかのかたちで体験してもらおう。算数の世界って思っていた以上におもしろいと感じられる授業をめざした。詩穂さんは，2年生からはほとんど学校へ行っていない。そこでかけ算とは何か，かけ算の意味から始めた。詩穂さんは算数がだんだんおもしろくなってきたらしく，ときどき放課後に来るようになった。かけ算の次はわり算，分数や小数の意味，通分や約分，異分母のたし算・ひき算あたりまで授業したのであった。詩穂さんは，乾いた砂が水をぐんぐん吸い込むように理解していった。学ぶ自信も次第についてくる。

　あるとき詩穂さんに「メールができるの？」と聞いてみた。すると「できる」というのだ。「それじゃ，メールをはじめましょう。心配なことや困ったこと

があったら，どんなことでも連絡してください」と話した。こうして詩穂さんとメールのやりとりが始まった。私は，自分からはメールをできるだけ出さないようにした。詩穂さんからメールが届いたときにだけ，私からメールを出すようにしたのだった。詩穂さんが負担に感じないようにするためだ。明日図工があるという日など，あしたどんな持ち物が必要なのか心配してメールを送ってくる。私は「たとえ忘れても，図工の先生が貸してくれるから安心して学校に来るように」という意味の返信をする。「あした学校へ行きます」と書いてあるときには，「でも朝起きて，きょうは学校へ行くのが気が重いと感じたら来る必要はないからね。無理しないことだよ」というようなメールを送るようにした。このような対応が詩穂さんの気持ちを楽にしたようだった。

3 安心と学ぶおもしろさを実感することで

　放課後はときどき通っては算数の学習をしていたものの，みんながいる教室に入るまでには少し時間がかかった。それも，そのはずである。詩穂さん，6年の3学期に書き上げた卒業論文のなかで，「お母さんは，「先生は，すごく良い先生だし，安心して行って平気だよ」と言っていました。でも，私は先生がどんな人であろうと，絶対に学校には戻らないぞ。そう思っていました。前までは学校に行くと，なんだかきんちょうするし，いやなきもちがするし，不安にもなりました」と書いている。学校へなんか二度と行くもんかと断言していた詩穂さんが，そう簡単に変わるなどとは考えられないことだった。卒業論文のなかで詩穂さんは，「初めの頃は，門のところまでで，足が止まってしまいました。そんなことが，何回もありました」と綴っている。私が想像していた通りだった。そして，しばらくして教室にはじめて入ったときの様子を次のように記している。

　　「教室に入る前は，少しきんちょうしたけど，入ってしまえば，今まではドキドキしていたから少し怖く見えたみんなの目も，あたたかく見えました。イスに座っても，気持ちがらくでいられました。低学年の頃，私がキライだった学校の空気はなくて，安心できる，あたたかい空気の教室で

した。だんだん，朝から行けるようになり，いろんな授業に参加しました。」

友だちとの交流も，安心して学校に通えるようになるうえで，重要だった。詩穂さんがさまざまな不安もありながら，移動教室に参加できたことで，友だちとの交流もグーンと深まっていった。そのときの楽しさと感動は，卒業論文のなかでも綴られている。

学びや交流を通して，詩穂さんの心は自然に学校へ向かっていったのだった。詩穂さんには，「授業に参加していて，少しでも気が重いなあと感じたときには，授業の途中でも帰っていいからね」と話しておいた。最初のころは，教室で２，３時間過ごして帰ることがほとんどだった。ところが５年の３学期，２月６日の朝のことである，友だちの誘いもあってはじめて鞄を背負って学校へ出かけたのである。その日のことをお母さんは手記で，「２月６日朝，拍子抜けするくらい自然に，それまで嫌がっていたランドセルを背負って出かけていきました。見送ってからしばらく玄関に座り込んでボーっとしてしまいました」と書きとめている。お母さんはその日すぐに，同趣旨のメールを私に送ってくださった。

その日以来，ほとんど休まず朝から学校へ通うようになったのである。学校に行って学べば，１時間前には想像できなかった新しい世界との感動的な出合いがある。当たり前と思っていたことが，実は長い歴史と深い意味があることを知る。仲間と対話・討論しながら，自分たちで発見していく学びの重要さを日々の授業で体験していった。なんのために学ぶのかという問いを，自ら豊かにしていったのだった。

漢字ひとつとってみても，詩穂さんは１年生程度しか学んでいなかった。最初は戸惑ったと思われる。ところが，漢字の成り立ちや意味を重視した授業に興味をもち，急速に漢字を書いたり読んだりできるようになっていく。詩穂さんは，推理と想像，対話・討論で進める漢字の学習に興味をもつようになる。「先生は，なりたちから教えてくれて，覚えやすさはバツグンです」と書いている。黒板に私が書く字を見ながら，漢字を覚えていったことも記してある。それにしても，ものすごい漢字の量を，２年程度でマスターしていくというの

は，私にとっても驚きだった。もちろん漢字に限ったことではない。算数にしても同じことがいえる。

教科の学習のなかで，とりわけ興味をもった教科のひとつは，歴史の授業だった。卒業論文には，こう書いている。

「前まで全く興味が無かった社会に，少し興味をもつようになりました。とっても奥深い歴史です。ただ，何年に何が起こったかというのを覚えるだけではつまらないけれど，一緒に想像し，一緒に考える授業だから，楽しいし，よくわかります。私は社会科の歴史からも，いろんなことを感じ，学びました。」

毎回歴史の授業は，推理・想像しながら考える時間だったとも綴っている。自分の想像力や思考力が豊かに鋭くなっていくことを実感できたのだろう。

日本にも旧石器時代があったことを明らかにした相沢忠洋についての授業を振り返りながら，「相沢忠洋は，全然らくな暮らしをしていませんでした。私は，偉大な発見とか，そういうのは少し別の世界のように思っていました。でも，相沢忠洋は，納豆を売りながら，考古学に一生をささげた人なので，なんだか身近に感じます。大金持ちでも，政治家の人でもない，フツウの私達でも，こんな風に生きることができるので，なんだか，夢を描く心も，さらに大きくなっていく気がします」と書いている。深く学ぶことで，詩穂さんは夢と希望をふくらませていく。単にある出来事だけではなく，さまざまな生き方についても学んでいった。

4　完璧じゃなくてもいい

不登校といえば，まだ否定的な面が強調されがちである。不登校もさまざまなケースがあるだけに一概には言えないが，詩穂さんの姿からは，不登校もまた成長・発達と密接にかかわっているという見方が必要であるように思われる。そうでなければ，すごい吸収力と学びへの興味・関心，卒業論文を書き上げた集中力などを理解することは難しい。不登校の時期といえども，成長・発達をとげていることを詩穂さんの姿から教えられる。一見否定的に感じられる悩

みや葛藤も，内面の発達を促すことにつながる。不登校の時期は，「容量」をとてつもなく拡大する時期でもあるのではないか。そんな気がしてならない。

不登校から旅立ちをとげていくうえで，完璧じゃなくてもいいんだと考えられるようになったことも重要だった。詩穂さんは「学校に行くようになって，かんぺきにしなくたって，自分のできるかぎりでがんばればいいんだということが自分でわかりました。そうしたら，前よりだいぶ気が楽になりました。どんな大人だって，なんでもかんぺきにできるわけじゃないから，こうやって毎日を，生活しているんだなあと思いました」と記している。

詩穂さんは卒業論文に次のように書いて，小学校を卒業していった。

　「長い間休んでいたその期間は，私にとって必要な期間だったように思います。私は「学校には行かない」と決めて，その決断を悔やんだりしないで，逆に，すごかったと，思ってしまうくらいです。決して，間違っていたとも思っていません。それは，私の人生として，堂々と生きていくつもりです。」

中学3年間も生き生きと学校へ通い続けた。昨年，詩穂さんとお会いする機会があった。現在は高校生として，学校以外のさまざまな人たちとも出会いながら，充実した学校生活を送っている様子だった。将来への夢と希望を抱きながら歩んでいる。

【今泉　博】

考えてみよう

1. 子どもたち自身，いじめはいけないことだと理解しながら，そこからなかなか抜けきれないのはなぜか。
2. 詩穂さんが不登校からあらたな旅立ちをする上で，なにが重要であったか。
3. 子どもたちの現在の状況から，学校生活ではどんなことをだいじに指導していく必要があるのか。

参考文献

山脇由貴子『教室の悪魔——見えない「いじめ」を解決するために』ポプラ社，2006年。
今泉博『不登校からの旅立ち』旬報社，2006年。
今泉博『崩壊クラスの再建』学陽書房，1998年。

第4章　学級経営と教育相談（中学校）

　学級経営が重要な岐路を迎えるときがいくつかある。
　その1つは、「先生、あと1点おまけして！」「これだけ点数とれば5でしょ！」というふうに、成績や評定にこだわる生徒が急に増え出す時である。そういう生徒は以前からいたとしても、進路指導の時期に入ると、受験を意識した子どもの層が広がり、学級のトーンが最初は微妙に、やがて排他的・分裂的な方向にいっきょに変化するのである。評定にこだわる子はクラスの諸活動にあまり参加しなくなるだけではなく、リーダーが諸活動から降りるなど、学級経営は重要な岐路を迎える。
　本章では主に、「学級経営と教育相談」の問題を、「進路をめぐる教育相談」「成績をめぐる教育相談」の現状とあり方に焦点をあてながら考え、学級経営の試練を乗り越える教育相談のあり方を考えていきたい。

1　学級経営の岐路──受験期の親子と教育相談

1　リーダーが退却する学級集団のなかで

　進路、受験をめぐる子どもの不安は、時には子どもより親・保護者のそれの方が大きい。子どもにとって、進路・受験・成績をめぐるストレスの原因の多くは、親・保護者からの過剰な期待や要求、あるいは親子の意見の対立・すれ違いのおきる家庭からくることが多い。進路指導・受験をめぐる教育相談は親・保護者の価値観や要求から離れて考えることはできない。
　学級経営が岐路＝危機に面する状況のひとつは、学級のリーダーやリーダー候補の子どもたちが層をなして学級づくりから降りていく時である。学級のリーダーが諸活動から降りたいという時、彼らはしばしば親・保護者からの要求

の強さを語る。子どもたちおよび，親・保護者とどのような対話を行うかは，学級経営の重要なターニングポイントになる。

　かつて私が学年主任（中2）をしていたとき，ある学級のリーダーのひとりで，学年でも大きな影響力をもっていて，全校リーダーに出ることを自分も周りからも期待されていた秀樹が「仕事を降りたい」と突然言ってきたときがあった。彼の母親は率直に，「先生の言うことはよくわかっているつもりですが，うちの子の進路が心配で……」と担任に語ってきた。この母親はかつて「何も勉強だけが人生ではないと思います。学校のいろんな活動に参加して人間の幅を広げてほしいと思います」と語っていた親であるが，こうした変化はめずらしいことではない。

　しかし，悩みながらもリーダーとしての行動からたくさんのことを学びつつあった秀樹にとって，正直なところ，親の変化には納得がいかない。彼は親の強いプレッシャーを受けたのだ。「うちの母親はひきょうだ。全然違う。前は自由に自分の進路を考えていいと言っていたくせに，最近，これ以上のレベルの高校でないとダメだと言い出した。自由に考えろといいながら，結局は枠の中の自由だったんだ」と担任に訴えた。

　秀樹の母親のような変化を批判することは容易ではない。時には亀裂を生じるだけになってしまう。しかしそのまま受け入れるのは，担任としてはつらすぎることであった。秀樹の担任は，受験至上主義・学力至上主義の荒波が教師や生徒に押し寄せることを予想して，中3にクラス担任を持ち上がったとき，秀樹たちリーダーとともにこの問題と向き合おうと考えていたからである。学年主任の私と担任は話し合いをもち，担任は次のような方向で秀樹と面談をしようということになった。

・否応なくであろうと，秀樹が受け入れた道はしっかり歩んでほしい。
・しかし，委員長や実行委員のポストから降りたとしても，秀樹なりのリーダーシップの発揮の仕方があると思う。リーダーの提案に賛否の意見を述べるなど，リーダーに積極的に応答する存在になること，リーダーの相談にのること，条件があるときは有志活動に参加することなどは，秀樹に求

められているし，秀樹自身の成長につながると思う。こういう仕事は，集団の前面に立つリーダーシップではないが，集団やリーダーをフォローする"後ろからのリーダーシップ"のひとつであること，などである。

秀樹は目が開かれたような顔をして聞き，納得したという。その後秀樹は，学年・全校レベルのリーダーには出てこなかったが，母親を説得してクラスの班長に名乗り出て，学級リーダーを支える存在になっていった。担任やリーダーとの接点を継続しながら，"受験"と"後ろからのリーダーシップ"の両立に取り組んでいった。

2 親・保護者の不安を受けとめるには

親・保護者の教育相談のなかでもとくに多い相談は，我が子が勉強をしない，どうしたら成績を伸ばすことができるのかという相談である。このような親の悩みに対して，小手先の対応で終始するのではなく，学力を伸ばすための根本に立ち返った相談をする必要がある。すなわち，①教科学習固有のこと，②学校生活・友人関係のこと，③家庭・地域の生活のこと，を考え合うことである。

とくに受験期が近づくと，子どもの学校生活を受験にシフトさせたい，そのために部活動をやめさせたり，我が子が学級活動や自治的活動に参加することに消極的になる親・保護者が出てくる。とくに，子どもの学力が伸びない・成績不振だと悩んでいる親・保護者の場合はそうである。たとえば次のような事例はそのひとつである。

中2のA男が，3学期に入って，不登校気味になった友人のB夫を助けるために，B夫の家に立ち寄ってマンガをいっしょに読んだり，ゲームをするなどして彼との交わりを回復しようと努力していた。A男の母親は受験が近づいたことにあせり，担任に対して「Bくんのこともわかっているつもりですが……」といって，A男を塾に入れるために，我が子がB夫の家に行くことにストップをかけてほしい，と言ってきた。母親は息子の行動の後ろに担任の期待があると見てとったのである。

しかし担任の目から見ると，A男は，友人のB夫が登校をしぶるようになる

ころから生活意欲や学習意欲を失いがちになっていたが，B夫の家に行くようになってから，少しずつハリのある生活を取り戻しつつあったのだ。

　勉強させるためには塾に入れればいいなどという問題ではないことを親・保護者と話し合う必要がある。はたして，我が子の生活を受験にシフトさせたいという希望は，子どもが学校の諸活動に参加する生活と矛盾することなのか？　受験にシフトするためには学級活動や友だちとの交わりに背を向ける必要があるのか，ということを親・保護者と話し合う必要がある。それは受験期を迎えた「進路と教育相談」の重要なテーマのひとつであると同時に，学力をどう伸ばすかという「成績と教育相談」の不可欠なテーマのひとつである。

　この問題を考えるうえで，次の実践記録の一節は大きなヒントになる[1]。

　中1のクラスの清子は母子家庭のひとりっ子。学習に対する自信がなく，全体的に学習意欲に乏しいところがあった。友人層もまた，同じようにひっそりとしている生徒に限られていた。こうした層がどのように変化していくか，ということは今後の学級経営のトーンを大きく左右することである。

　担任は，「清子の勉強に対する自信は，張りのある生き方のなかで得られる」と考え，清子と面談をしたとき，勉強をめぐる話ではなく，まったく別の角度から話をした。それは，知的にハンディのある同じクラスの典代に対する取組みに協力を求めることであった。典代と同じ班員になって，班長を中心にした班の取組みに参加していくことを依頼した。

　多動性のある典代に対して，清子たちは一所懸命はたらきかけるのだが，典代の気持ちに届かないはたらきかけとなり，班の取組みはうまくいかなかった。そのとき，太田という男子生徒が自分の班で引き受けると名乗り出た。太田は「小学校の時，担任の先生をなぐったこともある生徒」であるが，典代に対して「ノコノコ」といってはつきまとい，楽しげに遊んだり，時にはやさしく話しかける太田の様子はクラスのみんなの意識を変えていくことになった。清子もまた同じであった。

　清子「私は太田君って，荒っぽく不まじめな人だと思っていました。でもノコは私たちの班にいた時より，太田君たちの言うことを聞いてくれます。

みんなで少しずつ問題を出して，丸つけをしてやっています。「ノコ，すごいじゃないか！」ってほめている太田君をみて，すごいなって思いました。私たちの時のやり方は，ただおさえつけていただけだったって気づきました。ノコも頑張っているんだから，私もしっかり勉強しようと最近思っています」

担任「自分が変わったなっていうところは君の場合でいうとどんなところだい」

清子「毎日，何が起きるかっていう緊張感がありました。だから学校には早めに来ることになりました。それとノコと話しができた時ってうれしくて。あっという間に時間が過ぎた感じです。勉強の方もノコを気にして，わからなくなるといけないと思い，家での勉強もやるようになりました。そこが変わった所かな」

その後，清子は暗さも消えていき，成績も伸びていった。

親・保護者との教育相談，とりわけ成績や学力をめぐる教育相談の内容は，こうした学級経営の事実を豊かにもっているかどうかによって大きく左右されるはずである。そうでないと，個々の教科の勉強法の話しや小手先だけの叱咤激励の方向しか見いだせない。

②　塾についての教育相談

塾についての相談はいろいろあるが，親・保護者から寄せられる相談には次のようなものが代表的であろう。

① 塾に入っていないが，大丈夫だろうか。成績不振で心配だ。どこの塾がいいか。
　子どもが塾に行きたいと言い出したがどうしたらよいか。
② 塾の宿題や取組みがたいへんで負担が大きいがどうしたらよいか。
③ 塾の先生のアドバイスが学校と違うがどうしたらよいか。

こういう悩みや相談には教師はきちんとのらないといけない。教師のなかには「学校の勉強をちゃんとやればいい」など，塾を批判する立場からアドバイ

スや意見をいうことがある。親のなかには「先生のおっしゃる通りですが……」と言って不服顔になり，教師との間に溝がうまれたり，時には，教師に内緒で子どもを塾に通わせることがおきる。

　塾についての相談で大切なことは，塾の情報に一番詳しいのは生徒たち自身であるということである。塾についての教育相談は子どもたちに相談するのが一番いい。塾のメリット・デメリットについて，塾に通っている生徒・塾に通った経験のある生徒たちに聞いてみることである。それをもとに，みんなで話し合ったり，経験交流することである。まずは数人のグループからはじめ，それを広げていくことである。

　「塾の行き帰りに，どうしても遊んだりしてしまう」「やめたいけど，友だちにさそわれて入ったからやめられない」「英語は学校の授業よりおもしろい」「先生がおもしろい」「塾の先生のアドバイスが学校と違う」「塾の宿題やテストが多くてたいへんだ」など，たくさんの感想や意見が出てくる。それらの声を交流したり紹介することだ。こうした環境をつくりながら，生徒・親・保護者が塾のメリット・デメリットを知り，最終的に自分で判断できるようにすることが，塾についての教育相談の方法だといえる。

　ところで，学力不振というより，逆に知的で学力が高い生徒が，学校生活より塾の生活を優先するケースがある。たとえば，成績がよく，しかも話題が豊富で影響力のある生徒が塾のテストや宿題を優先し，学級の諸活動に背を向け，学級に分裂的なマイナスの影響力を及ぼすようなケースだ。

　このようなキーパーソン的な生徒とどのような対話をするかはきわめて重要になる。親・保護者も比較的上位の階層に属しているこのような知的な生徒との対話は，小手先の話ではダメである。

　その際，参考になる次のような実践記録を紹介したい[2]。

　ある公立の中3のクラスに，成績抜群の勇三がいた。彼は中2のときには学級委員を務めるなど，リーダー的な活動を経験していた。しかし，中3になると評定にこだわり始め，活動に本腰でなくなる。それだけではなく，教師や班長会が教え合いの学習会を企画し，教師役としての参加を求められても，それ

を拒むだけではなく，教え合い学習そのものに反対する。

　彼が反対する理由は「だいたい，勉強は自分でやんなくちゃだめだよ。1人でやるもんだって勉強は」というものだ。この「勉強は1人でやるものだ」という価値観は，多かれ少なかれ多くの生徒にも内面化している価値観であり，放置するとクラスに排他と分裂を持ち込む価値観になる。

　担任はこの価値観との対決を決意する。

　2学期も押しつまったころ，勇三は塾の成績が下がり，塾の先生からもきついことをいわれて落ち込む。そこで教師は知的な勇三に「塾はいったい何のため？」という対話を持ち込む。以下，少し長いが，教師と勇三との対話を引用したい。

　教師「勇三さ，塾ってどうやって経営を成り立たせるの？」
　勇三「生徒をたくさん集めて，月謝で収益をあげるんでしょ」
　教師「そうだよ，その通り。塾は商売だもの」
　教師「さて，そうするとだよ。生徒をたくさん集めるためにはどうするかってことだ。いや，というよりどういう塾に多く生徒が集まる？」
　勇三「やっぱ，教え方がうまく，成績があがる塾なら……」
　教師「でも，そんなのどうやって判断する？」
　勇三「いろいろ聞いたり，広告かな？」
　教師「そうだろう。その広告で，お前はっきりいって，どこを参考にする？進学実績じゃないか？」
　勇三「……うーん」
　教師「つまり，どこの高校に何人入りましたって，その数字じゃないか？」
　勇三「そうかもしんない。広告っていうか，あの先輩，あそこの塾から「いいとこ」入ったとか，そういうのも影響してると思う」
　教師「でも，よく考えてみろよ。何人入りましたとはどこの塾でも言うけど，何人落ちました，なんて言う塾あるか？」
　勇三「はあ」
　教師「つまりだ，それが商売ってことだ。あおってあおって「実績」あげな

きゃね。成り立たないし，いいことだけ広告するようになっているんだ」
教師「だからよく聞くけど，塾でいろいろアドバイスがあって，それで無理して受験して失敗した，なんて例はたくさんあるんだぜ。まあ，変なアドバイスをする，もうけ優先の塾ばかりではないと思うけど……」
勇三「なるほど」
教師「とすれば成績が落ちて，あせっているのは，勇三じゃなくて……」
勇三「塾か」
教師「そうだよ，なんでお前があせることがあるのか？」
　勇三はほっとした表情を浮かべるとともに，その後，塾の成績の多少の上下には動揺しなくなった。また，それとともにリーダーとしてクラスに復帰し，数学の勉強の講師役を引き受ける。
　勇三は，担任との対話を通して，塾や塾の先生を相対化して見るように変化した。あるいは「勉強は１人でやるもんだ」という価値観についても修正を加えた。勇三のような知的なリーダーとは知的な対話が必要である。とくに，世の中の動きや情勢と自分との関係を読み解く対話が必要である。
　彼はそうした自分の変化を振り返って，後日，担任に次のことを話している。
「最初は受験は最終的に個人の問題だし，自分さえ受かればいいと思っていた」「（人に）説明すると自分の数学力も伸びたような気がして……。ああ結構，自分もみんなの役に立っているんだなあと思った時，他の学習会にも積極的に関わろうという気持ちになって……」と。
　ここで彼は「取り組む者が多くを学べる」ということを体でつかみとったといえる。しかし勇三が変化した最大のきっかけは，担任との対話である。担任とともに，世の中を読み解き，自分との関係を学習したからである。リーダーとの教育相談は"学び"のある対話が不可欠である。

3　進路選択をめぐる相談

　進路選択に迷う生徒は，次のようなケースが代表的である。
　①　将来，自分をどういうふうにつくりたいのか見えない。

②　成績に自信がない。
③　たくさんある情報を取捨選択することができない。
④　親・家族と進路について前向きに話し合うことができない。

①の「将来，自分をどういうふうにつくりたいのか見えない」という迷いは，まだ中学生段階の子どもにあっては当然であるという見方をしやすいため，避けて通りやすい。

しかし問題は単純ではない。中学から社会に出る可能性のある生徒だけではなく，高校中退もありうると考えている生徒にとっては切実な問題なのである。

たとえば，学力的に低いだけではなく，経済的にもローの階層にある生徒は「どうせバカのいく学校しかいけない」「進路なんてどうだっていいんだ」というような絶望・投げやりの気持ちのなかで荒れている場合がある。彼らは"クラスを荒らす問題児"とされる。しかし彼らは単に勉強のできない子どもではない。進路をめぐって，将来の自分に絶望しているかもしれないのである。

そうした子どもの進路指導をテーマにした次の実践記録はおおいに参考になる[3]。

小学校のころから衝動的な行動で心配されていた四郎は，中学に入っても「教室にいたくない」と言って図書室にこもることが多かった。

この学校では中2の生徒を対象にして「トライやる・ウイーク」，すなわち「働く人と仕事に出会う」という1週間にわたる教育活動が用意されていた。いわゆる「職業体験活動」である。

　　「四郎君，どんな仕事がしたい？　したい仕事があれば探してくるよ。君は働くこときらいじゃないだろ？」と言って「店員，幼稚園，大工，食堂，自転車屋，自動車屋」と仕事を並べて選べるようにした。時間をかけてじっくり聞いた。するとその彼は「自転車屋にいきたい」と言った。知っている自転車屋さんを紹介すると，驚いたことに本人自ら，その自転車屋さんに申し入れ，話をつけてきた。(事前に了解を得ていたが)学校では「やかましい。うっとい。ほっとけ。だぼ……」としか言わない四郎が，きち

んと自転車屋の店主に「「トライやる」に行きたいんですけど，どうでしょうか」と敬語を使って頼んだという。学校での四郎のイメージが強い私は，このことを店主に聞いて驚いた。

　職業体験中では自転車屋さんの老店主の生い立ちを聞いたり，巧みな技術にふれるなかで心をひらいていった。この老店主は戦争体験があり，シベリア抑留から帰ってきてから自転車屋をはじめて，さまざまな苦労をして店をもち，ここまでやってきたそうだ。自転車の修理をしながらユーモアたっぷりの話を聞かせてくれたようだ。私がその一端を聞くだけでもおもしろかった。四郎は「人間，誠実さと人に役立つ技術をもつことが大切だ」というメッセージを受けとめたようだ。私が訪問すると，店主は「四郎君はいい子ですよ。自転車の修理にも熱中し，とても粘り強いですよ」と言って褒めていた。四郎はうれしそうに聞いていた。後で四郎は「おれを褒めてくれるのはおっちゃんだけや」と言っていた。四郎は，熱中できる技術の世界と，自分を肯定してくれる大人に出会えたのである。

　「トライやるニュース」に「自転車屋さんのおっちゃんはえらい」という記事が載った。そして，四郎の手による自転車のパンクの直し方が絵やカットで紹介された。……彼を知っている生徒たちは驚くとともに彼を見直した。四郎は友だちの自転車を直してやったりして，自信をもつとともにみんなからも認められて，孤立から抜け出して数人の遊び仲間ができた。「トライやるウイーク」が終わってからもちょくちょくと店に行っていた。「自転車屋のおっちゃんみたいに何か技術を身につけたい」と言って進路の問題にも向き合うようになり，教室で授業を受ける日が増えていった。その後も，彼は政夫や友だちとともに自転車屋の主人のところに話に行ったりして，中学生の地域での居場所のひとつとなった。

　このクラスは，各人の職場体験を交流したり，それをテーマにして文化祭に取り組んだり，「仕事と働く人を考える」というテーマで学級でディベートをしている。

このように，この学級では職場体験を通して「生き方と労働」を学び合っている。そのなかで担任の問題提起をまっすぐにうけとめたのが"衝動的な行動で心配されていた"四郎である。彼は「技術を身につけたい」といって進路の問題に向き合うようになった。

いま，職場体験学習が広がり，その長所・短所が議論されているが，取り組む視点によっては，進路指導（進学指導ではなく職業選択につながる進路指導）のための重要な意義をもつ。それはとくに，中卒・高卒で社会に出る可能性のある子どもたちにとって重要なキッカケになることは，少なからず報告されている。

また，中学や高校から社会に出る可能性のある子どもたちにとってだけではなく，職業体験・職業観察から隔離されている現代の子どもたちにとって，「生き方と労働」の現場に触れることは中学校の進路指導が避けて通れない課題ではないだろうか。今日の進路指導は「上の学校に入れる」こと＝進学指導だけに追われ，「上の学校からの出口（中退の可能性を含む）」のことに関心がもたれていない状況がある。

たしかに中学・高校の進路指導では，「どんな職業につきたいか」など，職業選択にまで踏み込んで子どもに迫ることは現実的ではない。面談のなかで「あなたはどんなことに向いていると思う？」「やりたいことは決まった？」と子どもに迫る担任もいるが，多くの場合，子どもにとっては過酷な問いである。しかし，逆に，まったくそれを不問にして進学指導だけをするというのも問題がある。子どもの迷いや思いにもかなっていない。

中学・高校の進路指導は，働くことの厳しさと尊厳を知らせることを基本にしながら，職業体験を通して仕事・技術への関心を育てることなど，働くことにつながる進路・進学指導が求められているのではないだろうか。そうしなければ荒れるしかない四郎のような子どもが，いま学級のなかで増えているのではないだろうか。

学級のなかには「悩んでいることを知られることは恥ずかしい」「バカだと思われそうで……」という子どもがいる。つまり，相談することを嫌う子ども

である。

　たしかに，面談というかたちですべての生徒と教育相談をすることができる。しかし，教育相談は子どもに相談したいという気持ちがなければうまくいかない。あるいは，面談とは別に，日常的に友人や大人に相談をもちかけるちからが子どもの成長にとって必要である。

　この"相談する"ことが教室に定着するためには，教師自身がその先頭に立つ必要がある。たとえば，学級経営をめぐって教師を悩ませるさまざまな問題─いじめ・暴力・差別などの指導に困っているとき，教師が子どもたちに相談することが求められる。クラスの状況分析や解決の仕方は教師だけではできないというスタンスに立つことである。困ったとき，教師が子どもに相談する様子を子どもたちが体験したり見ていることが，相談することが学級に定着していく条件ではないだろうか。

　フリーターの相談にのっている人が「今の若い人は相談することが苦手だ」と述べたことがあった。おしゃべりは得意でも，困ったときに相談するということが苦手だ，ということだ。その原因は単純ではないだろうが，時代に広がる「自己責任」の価値観と無関係ではないと思われる。先に見た「悩んでいることを知られることは恥ずかしい」「バカだと思われそうで……」の背景には確実にそうした自己責任の価値観が内面化している。

　教員社会についてもそれがいえる。クラスに問題がおこれば担任責任が求められ，能力や業績の査定につながる状況がおきている。教員社会こそ，協力と相談が原理となるべき社会のはずである。

　「学級経営と教育相談」のテーマは，相談のある教員社会を取り戻すための教員自身のテーマでもあると思うのである。　　　　　　　　　【高橋　廉】

注
（1）　中川晋輔『勉強に自信をなくしている生徒との対話』明治図書，1992年。
（2）　中村悌一・渡辺雅之『進路選択に迷う生徒との対話』明治図書，1992年。
（3）　小川嘉憲・福田敦志・松山裕・船越勝『こころの叫びが届く』クリエイツかもがわ，2004年。

考えてみよう

1．わが子のいじめ被害を知って相談に来た保護者に対して，担任が対応するときに大切なことは何だろうか。
2．高校受験で志望校に合格できなかった生徒たちに対して，教師はどのような姿勢で関わったら良いだろうか。
3．勉強にも部活動にも意欲を示さない生徒を理解するために，教師に求められる視点は何だろうか。

参考文献

小川嘉憲・福田敦志・松山裕・船越勝『こころの叫びが届く』クリエイツかもがわ，2004年。
竹内常一『10代との対話・学校ってなあに』青木書店，1994年。
全生研常任委員会編『新版・学級集団づくり入門・中学校編』明治図書，2004年。

第5章 児童・生徒の問題事例から見た教育相談

　本章は、へき地校・都市過密校・複式学級など多様な実践の場で、教育相談活動に携わってきた筆者の体験に基づいた教育相談論である。なかでも子どもたちの「新しい荒れ」や暴力の問題、不登校・登校拒否問題、いわゆる非行問題に焦点を当て、児童・生徒の具体的な声を紹介しながら、教育相談において重視すべき問題を明らかにしていきたい。

　同時に筆者は現在、教員養成学部の「教育実践総合センター」で相談活動をしているが、そこにおける経験にもふれながら子育てに悩む父母や生徒指導に悩む教師の教育相談についても、注意すべき点を整理しておきたい。

1　児童・生徒の逸脱行動（問題行動）と教育相談

1　ある火遊び事件の相談から

　　　　　　　火あそび　　　　　　　　　　　　　　　　　　　　A

　ぼくは、3年のとき火あそびをした。さいしょは、おもしろがってやっていた。そのときは、ひろったライターをつかって近くのお寺でやっていた。3年で、なんかいかやっていた。そのときは、はっぱや小さなえだを、もやしてあそんでいた。それは、もうくせになっていた。でもやめられなかった。

　そのときは、だれにも、みつからなかったから、へいきでやっていた。みつかりかけた時もあった。

　ぼくは、4年になってからもやっていた。1学期も2学期もやった。ぼくがライターをもってきて、Bちゃんと川のまえでペットボトルをもやしたり、ぼうをもやしたり、かれくさをもやしたりしてあそんでいました。そして、やけどをしそうになったけどへいきでやっていました。その時は川の前だったので、だいじょうぶだと思っていた。

　ビニールをもやしたりして、あそんでいた。そのとき、Bちゃんが、もえてるなかに「ラ

イターを，いれよか」
といったので，ぼくは中（注）いしました。
「手がふっとぶ　から，やめとき」
と，いった。しばらくやっていたけど，やめられずに，つづけていた。やっているうち，いっしゅん，火が手にふれてあつかった。すぐ川にもっていたライターをすてて，かえりました。かえりながら，あぶないからやめようと思った。

　これはＡ君とＢ君が，お寺の裏で，火あそびをして，まわりの木に火がついた事件についての作文である。おどろいたＡ君が近くの大人に伝えて消してもらったという。寺の方が学校に翌日，連絡して事実がわかった。すぐに事実の聞き取りをしてその後，Ａ君とＢ君の親の教育相談がもたれた。このような危機一髪ともいえる事例では，親との話し合いをしてもその日のことだけが問題になり，根本的な話し合いはできないことが多い。子どもの生活のなかで「習慣化」している場合もあり，いままでのことを聞き取って幅広い事実をふまえた教育相談にする必要がある。

　小・中学生のいわゆる逸脱行動（問題行動）はいろいろな現れ方をするが，一つ一つの行動の意味を子どもの生活全体のなかで見ていかなければ解決しない。目の前の事件しか見えず，そのことだけを問題にした教育相談に終始した場合，また同じようなことが連続して起こりうるし，違ったかたちの逸脱行動（問題行動）として現れることが多い。

　この「火あそび」も直接には，寺の裏の林の木の一部をこがしたという事件（消火が遅れたら寺の建物が燃えていた可能性もあった）だったが，「今までのことを話してごらん，書いてごらん」と聞き取る指導のなかで，3年のころから続いていたことが明らかとなった。その事実が突きつけられたことで，親と話し合いが深まり効果的な指導が可能となった。また作文をみて「ライターをくべようか（入れようか）」「手がふっとぶしやめとき」の会話が2人を救っていることがわかった。大怪我をしていたかもしれないのである。

　相談のなかでは子どもの近くに「ライター」が放置されている家庭の状態も話し合われた。子どもの起こした事件であるが，親の生活のあり方をもう一度見直す教育相談になることが必要であった，それにたどり着けたことがこのケ

ースの最大のポイントである。

　いわゆる逸脱行動（問題行動）の一つ一つは「非行」とは呼べないものが多い。しかし，その教育相談は，子どもの生活全体や親と子の問題を見つめ直し，家庭での状況の見直しと結びつけて，子どもの生活全体を変えていく見直しをもつ必要がある。それゆえ相談は1回で終わらせず，親，担任，教師，相談担当教師が共通の課題として認識し合えるまで話し合いに取り組むことが大切である。

2　友だちに暴力をふるう子と保護者の相談

　　　　　　　C君が，たたく　　　　　　　　　　　　　　　　　　T
　「ドシッ」ドッチボールでC君があたった。「オレ　あたってへんぞ」
と，ひとをおもいっきりけらはった。ドッチボールがおわってもC君はいらいらしてた。あとで，ぼくも，おもいっきりけられた。（なんでドッチボールにあたっただけでたたかれたり，けられたりしなあかんのかなあ）と思った。C君はきょうしつかえりにも，4，5人の人も，けったりたたいたりしはった。（なんでC君はすぐ人をたたくんだろう）と思った。
　それからもC君はO さんをかいだんで，わざとおしてこかしたり，かみでかたくつくったボールを，人のかおにあてたりしはった。
　C君は，なにもしないのに人をたたいたりけったりする。まえもろうかにくぎをうったり，長イスにくぎをうったりしはった。
　けど，C君はてつぼうをうまくできるように，いってくれたりしはる。
　だから，C君は，なにもしてない人にけったりたたいたりするのをやめてほしいです。

　C君は，低学年のころから乱暴な子で通っている子である。苦情が学校を通さずに，直接母親のところに持ち込まれることも何度かあった。1・2年のころは担任に，近所にも迷惑かけることが多いので「転校か転居しようかと思う」と相談されたこともあったという。
　スポーツはたいへんよくでき，地域のサッカークラブにも入っているが，ボールを蹴る足で友だちを蹴ることもあった。自分の誤りはなかなか認められない一方，ドッチボールで，たまにあたっただけで「キレ」てしまい，八つ当た

りすることがよくある。母親は教育熱心な人でC君のことを心配しており，教育相談にも何回か参加している。

　教育相談を始めたころは，C君が暴力を振るったり感情的な行動でトラブルになることが多く，悩んでいるというのが母親の訴えであった。C君が問題を起こす度に家で母親は注意をするが，繰り返すばかりであるという。そこで「C君には自分がしてはいけないことを自分で止める力が充分育っていない。小さい子，幼い子ではそれは当然で当たり前だが，お父さんとの仲はどうですか」と，父親とC君の関係について尋ねてみた。母親は「父親は仕事が忙しくて夜も遅いので」と，まったく父親の力が借りられないことを繰り返すばかりであった。「お母さんたいへんですね。どこのお父さんも仕事で忙しくて夜遅いのは同じですけどね……」と言うと，父親の仕事の様子や，その忙しさで子どもにかかわっていられないことを訴えた。そんな話しを続けるなかで，母親は涙をうかべながら驚くことを話し始めた。

　「先生がそこまでCのことを心配してくださるので本当のことを申し上げます。実は父親が3年以上家にいないのです」と話し出したのである。そのことは近所にはもちろん，親戚にも話していないらしい。ひたすら親子で父親がいるように近所にも親戚にも振る舞ってきた。実はそのことがC君の行動の裏にあるのではないかという。教育相談を受ける教師として私は驚いた。いかに母親と子どもの苦しみを知らないままC君にかかわってきたかを思い知らされたからである。

　子どもの問題行動というが，とりわけ幼い子どもの学校における出来事はその子の家庭生活と深く結びついていることが多い。表面的に子どもの問題行動をやめさせ反省させるだけの方法は無力である。母親と子，父親と子どもの関係にも着目し，家庭のなかでの子どもの悲しみや苦しみを，具体的に知り，なぜ子どもがそのような行動をとるのかという背景を理解することが大切になる。

　この事例はさらに子どもの内面と生活不安の関係を理解することの大切さを教えるものであった。主に母親との教育相談を繰り返し，C君と友人との関係の築き直しに取り組むなかで，父母の離婚調停が進み，話し合いの結果父親が

家に戻ることになったのである。比較的まれなケースではあるが，その後のC君の変化は驚くべきものであった。家庭における不安の解消は，この場合法的分野の話し合いとして進んだが，それが学校における教育相談や生活指導と連動して予期せぬ結果を迎えることができたケースといえよう。

3 児童の校内暴力，対教師暴力と相談活動

2006年9月14日，新聞各紙は一面に文部科学省の「児童校内暴力調査」結果を大きく報道した。三大全国紙の見出しは次の通り。

「児童，教師へ暴力38％増　05年公立小　校内全体　最多2000件」（朝日新聞），「公立小児童の校内暴力最多2018件　目立つ「対教師」38％増」（毎日新聞），「キレる小学生　教師に暴力38％増464件　校内暴力2000件突破」（読売新聞）。一面に続いて，社会面にも詳しい解説が載せられた。「「衝動性」対応に苦慮　早い手当目指す試み」（朝日新聞），「低学年から劣等感，ストレス　高学年で爆発　指導強化疑問も」（京都新聞），「女性教諭にけり20発「くそばばあ。あっち行け」と止まらぬ崩壊の連鎖　向き合う時間ほしい」（毎日新聞），「画びょう投げられる　クビにしてやる　脅かす児童　おののく教師　学級崩壊　7キロやせた」（読売新聞）。

小学校現場で児童の暴力，とりわけ対教師暴力が増加していることがこの調査からわかる。これは報道が学級崩壊に代表される"子どもの新しい荒れ"に注目してこなかっただけで，実際は深刻な課題であることを示している。たとえいくつかの学校で「学級崩壊」が全校的な取組みや補助教員の派遣でくいとめられたとしても，現実には友だちへの暴力と対教師暴力は全体として増え続け，最多を更新しているのである。

しかし，児童・生徒の校内暴力や対教師暴力という「問題行動」に関する教育相談が，親の側から持ち込まれることは少なく，学校，担任から親に要請して相談が始まることが多い。なかでも対教師暴力は担任に対しての場合が多いために，子ども自身が親に先に事実を知らせることは期待できず，親は学校から事実を知らされて知ることが多い。また，子ども対子どもの暴力事件の場合

も，学校の対応が遅くて被害児の親が訴えのかたちをとった場合は別として，ほとんどは学校からの要請で教育相談がもたれるようになる。

　子ども同士の1対1の暴力であれば被害，加害の親と担任との三者による教育相談となるが，その人数が複数や多数，学年や他学級の子どもとの関係で生じた場合，相談は担任ひとりではなく教育相談担当教師，生活指導部，他のクラスの教師とともに加害，被害児の親と教育相談をすることが大切になる。

　対教師暴力のケースで教育相談を実施する場合は学校全体で対応することが基本であるが，どのようなケースでも被害を受けた担任と親だけでやることは避けなければならない。それは事実を客観的に明らかにすることが困難であり，教育相談にはならないからである。

　加害の児童の親からすれば「何か担任の対応に問題があるのではないか」という思いが心の奥底にあるのが普通だし，表面的な謝罪だけに終始することも少なくない。子どもがかかえる問題に迫るには，ともに子育てをし教育をする大人同士として，その子どもをこれからどう育てていくのかをメインテーマとして相談しなくてはならない。なにより信頼関係を築いていくことがもっとも重要になる。

　2006年の文科省の発表は，「小学生の校内暴力」に注目したものであったが，「中学生の暴力」が少なくなっているわけではない。中学生の校内暴力が深刻な教育問題であることに変化はない。そして校内暴力についての教育相談は一般的には小，中学校とも，校内の教師とスクールカウンセラー等で対処することが多い。だが警察が入ったりした場合は，校内の教育相談を越えて第三者機関の協力を得た教育相談がなされることが多くなる。

2　不登校，登校拒否と教育相談

　不登校・登校拒否は，児童・生徒数が年々減少しているにもかかわらず，全国で13万人前後もおり減少してはいない。不登校・登校拒否は現代日本の教育システム，家庭状況，社会経済状況全体がつくり出す問題である。それらが子どもたちの生活そのものを息苦しくさせ不登校をつくり出しているからであ

る。しかし現在，各学校や教育行政では「不登校・登校拒否を減少させる数値目標」などを立てて，いろいろな取組みが行われている。

　不登校・登校拒否の子どもの事例もまた多様である。一応統計は「年間30日以上の欠席」を基準としているが，30日に満たない子どもの場合も大丈夫とは言い切れない。「不登校の傾向のある子」で欠席日数が30日に満たない子どもは「登校しぶり」と呼ばれている。この欠席30日未満の「登校しぶり」の子どもは，13万人の不登校の子どもよりも倍以上多く存在しているという声もある。「登校しぶり」の傾向のある子どもに対して，学校がいかに取り組むかが現在大切な課題になっている。

　今日，中学生の不登校の増加は深刻である。そのなかでも1・2年以上の不登校，3年間いっさい登校しない「完全不登校」，あるいは「引きこもり状況」の子が増加している。それが青年期の「引きこもり」につながる例も増えている。

　不登校・登校拒否は，その状態も「原因」も多様，複雑で「原因探しをしても克服できない」といわれている。したがって次の事例もすべての不登校に一般化できるという意味で例示するものではなく，不登校の一事例を通して教育相談のあり方を考えるという趣旨である。

1　「なんで足うごいたのかなあ」子どもの心

　　　　　　　　　いけた　　　　　　　　　　　　　　　3年　K子
　　きょうしつに，はじめて　はいった。
　　1がっきには，ようむいんしつにいてた
　　けど2がっきには　いけた
　　うれしかった
　　みぎの足を入口にのせたら
　　左足もうごいた
　　べんきょうようもできるしたのしいし
　　なんでいかなかったんだろう
　　いすにすわったとき

「やっといけた」と思った
しゅうだんとうこうもいった
うれしかった
ゆめでもきょうしつと
しゅうだんとうこういったゆめを見た
「ゆめでもおんなじや」と思った
おかあさんだって
「よかったなあ」とゆって，くれました。
けど，やすみが２日あると
足がとまってしまう
やすみが１日だったらいけた
こんどやすみ２日あるけどいきたい。
どうして
２日あるときょうしついくのとまるのかな
３がっきつづくといいな
なんで，足うごいたのかなあ
しゅうだんとうこうもなんでいったのかな

　K子は１年の１学期に「隣の席の男の子が自分の文具を勝手に使う。乱暴する」と言って休み始め，登校をしぶるようになった子である。席を変えても不登校状態は変わらなかった。それでも週の半分くらいは母親に手を引かれて遅れて登校してきた。そんな時でも教室には入れずに学校の用務員室（宿直室）に入って，半日過ごす生活が２年近く続いていた。３年１学期になって児童相談所の家族面談に参加し，担任の家庭訪問と学校での教育相談が続けられた。また，教室には無理には入れず当初は保育園から仲良しの友だち２人が休み時間のたびに用務員室に入り，和室でいっしょに遊ぶことから始まった。仲良し数人が，学習もいっしょにする取組みのなかで教室に入れるようになったのである。はじめの文（詩）は教室に入れるようになって１カ月半程経ったころに，K子が書いたものである。

　「いけた」の文は，不登校の子どもの心と本音がよく書けている。「みぎの足を入口にのせたら左足もうごいた」は，自分の身体でありながら自分の足が自然に動いたことを不思議に思ったのである。過去の自分を思い出して「なんで

いかなかったんだろう」と思いめぐらし「いすにすわったとき，やっといけたと思った」と，そのときのことを表現している。「しゅうだんとうこうも，いった。うれしかった」と朝の集団登校も「いけた」でなく「いった」と自分の意志のあったことを書いている。さらに「ゆめでも　きょうしつと，しゅうだんとうこう　いったゆめを見た」といかにK子がその日を願っていたかを表現している。再登校は母親の切ない願いであったがそれ以上にK子自身こそ「行きたかったのだ」。その気持ちが「おかあさんだって，よかったなあとゆって，くれました。」という一節に凝縮されている。

しかし，やはりまだ心の底には不安が残っている。だから「けど，やすみが２日あると足がとまってしまう」と書き，あくまで自分の足でありながら動かしたくても動かせない様子を表現している。「行きたい」と思っていても行けない状態，それはまさに不登校の本質であり不登校児の苦しみの中心にあるものといってよい。だからこそ「どうして２日あると，きょうしつにいくの　とまるのかな」と，また不思議に思い，「３がっきつづくといいな」と，さらに将来への期待と不安に続いているのである。K子は，あるとき，父親と風呂に入り，こんなことを言ったという。「私の中には２人のK子がいる。１人は学校，教室はいりたいというK子。もう１人は行きたくない，入りたくないというK子がいる」と。３年生の幼いK子が言うこの矛盾した心，気持ちこそが不登校の子の苦しみなのである。みんなといっしょに教室に行って過ごしたいという意志と，行きたくない，行けないという気持ちとの矛盾である。

不登校の相談を行う際にもっとも重要なことは「なぜ行きたくないの」「どうして行かないの」と本人を追求してはならないということである。この点を忘れて原因や理由を聞き出そうとしても苦しまぎれにいろいろ理由を言いながら苦しみを深め，先生を避けるようになることが多いからである。本当のところは，本人にもなぜ行けないかはわからないのである。この一見矛盾する不登校の子の苦しみ，悩みを理解し受け入れることが不登校の教育相談にはなにより大切なことである。

2 卒業式のよびかけをめぐって

　小学校6年生で不登校をしているN君の教育相談における話である。4年生3学期ごろから，登校しぶりが始まって，5年生は，ほとんど登校できなかったが，6年生では週1，2回学校の別室登校をするようになってきた。午前中，もう1人の別室登校の子と学習したり遊んだりする生活をしていたが，教室には入れなかった。寒くなってからの6年3学期は，またほとんど登校できなくなっていたが，2月下旬「卒業式には出たいので」と久しぶりに登校することができた。それを見た担任は「ちょうどよかった，いよいよ卒業式が近いので，今日，式の呼びかけのせりふを決めるから教室においで」とN君をさそった。

　N君は「卒業式出たい」と，思っていたので，担任につれられて，そのせりふを決めるために教室に入った。そこで短い一言がN君にも割り当てられ学級全員が一言ずつ「卒業生呼びかけ」を試しに読み上げる第1回目の練習をした。

　あくる日，N君はあんなに「卒業式の練習はでる」と言っていたのに「もういや」と登校しようとしなくなった。「卒業式の練習で1人で声を出すのはイヤだった，つらかった，もう行かない」と涙ぐんで，母親に訴えたというのである。母親から連絡を受けた担任は驚いて，その日，家庭訪問をして本人と親に謝った。

　訪問した担任とN君と母親で話し合いがなされた。担任はN君に謝って言った。「ごめんごめん，せっかく登校して教室に入ったN君につらい思いをさせて悪かった」「もうN君の卒業式の呼びかけの言葉はなくする。他の人にしてもらうしな。それやったらいいやろN君どうや」。担任は卒業式のN君のせりふをなくしたらN君は安心して，式の練習にきてくれるだろうと思っていたのである。

　担任はN君に「うん」と言ってもらおうともう一度言い，母親がN君の意志を確かめると，N君は小さな声で「イヤ」と言ったのである。「僕のせりふを他の人にたのむのはやめて」と言ったのである。担任は少しあせって「それじゃ　やってくれるの」と，詰めよった。N君は「できない」と言った。母親の話では担任は本当に困ってしまったという。担任にすれば「せりふを言ってく

れるか」「N君の言うせりふをなくするか」の二者択一しか考えられなかったのだろう。ここにも不登校の子どもの心，本音を理解するための鍵がある。「式で一人でみんなと同じようにお別れの言葉を言いたい」という思いも「そんなことはできない，イヤだ」という相反する思いも，どちらも不登校の子どもの本当の思い，心であるのだ。

　この矛盾する子どもの思いを，とらえることができるかどうかが不登校の子を理解できるかどうかを意味するのであり，不登校の教育相談でもっとも大切にすべき基本になるのである。母親，本人，担任，教育相談教師で，この基本を理解するための何回かの話し合いがもたれた。その結果，N君は横にいる友だちといっしょに発声を練習することならできると言い出し，それを受け入れて練習を再開するなかで，N君の声が，だんだん大きくなっていき，卒業式に参加することができた。行動と心が矛盾して現れる不登校の子の思いを理解しようとすること，この基本を相談の専門家と連携して踏みはずさないことが，教育相談には重要なのである。

3　不登校の子の居場所と進路教育相談

　今日，不登校の子どものための「居場所」が各地に用意されている。学校への「再登校」を急いで登校刺激をし，再登校を無理強いするとかえって長期化してしまう事例がある。

　そんなときのために「適応教室」「心の教室」「センター」等，名称は違いはあるが子どもの思いを受け入れる施設がある。都道府県や市町村が用意する施設である。週5日から週1日まで行政によって開設日の違いはあるが，利用の仕方は不登校の子と親の要望によって変えることができる。筆者の教育相談の事例には，親が地元の教育委員会にはたらきかけるなかで「適応指導教室」が新たに設置された例もある。また「メンタルフレンド制度」と呼ばれる不登校の子どもを訪問する大学生派遣事業を実施している市町村もある。

　市町村の開設する施設とは別に，民間の不登校の子どものための施設も都市周辺には開設されている。「フリースクール」と名乗っているものから「大学

資格検定受験塾」のかたちをとって，中学卒業生，高校中退者や青年を対象とした学習補助を組み入れた施設もある。

　また，はっきりした「施設」名を名乗ってはいなくても「不登校の親の会」等が自主的に個人の家等を使って開設する「居場所づくり」も全国で広まっている。

　不登校の教育相談では教師，親そして本人の悩みに応えるとともに，「適応教室」「メンタルフレンド制度」「フリースクール」「居場所」の情報を集め，生活や活動の場の選択肢として紹介することが大切になる。

　また，不登校の中学生と親にとって高校進学の悩みは非常に大きな位置を占める。最近は児童・生徒の数が減少しているなかで，公立，私立とも不登校の子どものためのコースを用意するようになってきた。単位制高校，通信制コース，インターネットコース等があり，私学では不登校の子のための特別学級を新設する例もできている。

　今日，中学校で不登校だった子のほとんどがなんらかの高校，専門学校への進学を希望している。この要望を行動に移し実現できるものにするために，子どもと親をどう援助していくかが中学生の不登校教育相談では重要になる。

4　ある不登校中学生の事例——馬の世話

　S君は，小学校6年生の初め遠く離れた県から転居，転校してきた。本人は生まれてからの土地や友だちと別れるのを渋ったが，父親の転勤による不本意な転校であった。連休の度に前の友だちに会いに親戚の家に泊まりに行った。はじめは，毎日新しい学校に登校していたが，2カ月もすると完全に不登校になった。そして結局卒業式も欠席し，「中学生になったら学校行く」というSの言葉を期待して父母は待ったが入学式だけ出て，また不登校になり，テレビとゲーム漬けの昼夜逆転の生活が続いた。教育相談には母親だけが来ていた。

　S君は適応教室，フリースクールをすすめても拒否し，とじこもり傾向もあって父母との会話も極端に少なくなっていた。そんな5月の父親の休みの日，S君のしている競馬ゲームを見た父親が声をかけいっしょにゲームをすること

になった。教育相談のとき,「ゲームばっかりしている」と嘆く母親に「いっしょにお父さん,お母さんもゲームをして対話をするのも大切ですよ」と勧めていたが,それに父親が応えたのである。

　競馬が好きな父親はそれからＳ君といっしょに「競馬ゲーム」をよくするようになり,会話も増えていった。そんなとき,父親はふと思いつき,「お父さん競馬の馬を育てているところ知っているよ。行かないか」とＳ君を誘ってみた。するとほとんど外出もしなくなっていたＳ君が喜んで同意したという。Ｓ君は,馬と厩舎の仕事にたいへん興味をもち,父親の休みの度に馬を見に出かけるようになった。Ｓ君はそれを楽しみにするようになった。そこには,乗馬クラブもあり,子どもも乗れることもあってＳ君は,それにも興味を示したのである。

　あまり父親とＳ君が熱心に厩舎を見学に来るものだから,そこのスタッフとも親しくなり,父親は,いつかＳ君の不登校の話をするようになっていた。そんなことから「もしよかったら馬の世話,厩舎の仕事の手伝いにきてみないか」とスタッフから誘われ,Ｓ君は喜んで参加することになった。今度は,昼間時間のとれる母親が週２回Ｓ君を送り迎えをすることになったのである。母親は「私は競馬なんて全然興味ないんですけど,あんなにＳが生き生きとなっているのがうれしい」と喜んで送り迎えを続けた。

　中学２年になるとＳ君は「乗馬クラブにも入って馬に乗りたい」と週１回乗馬することになった。さらに騎手になる夢をもつようになった。ずっとＳ君の世話についてくれたスタッフが,あるとき「騎手になるんだったら,馬に乗るのも大切だけど,勉強もしなあかんぞ」と勉強することをすすめた。Ｓ君は次の機会から「教科書とノート,筆記具」を持って出かけるようになり,さらに「子どもの乗馬クラブ」に併設されていた「学習クラブ」の指導も受けるようになった。Ｓ君は騎手になりたい,馬といっしょにすごしたいという目標をつかんだ時,それまで興味を示さなかった学習に再び向かい出したのである。母親も父親もＳ君の変化をたいへん喜び,乗馬には少々お金が必要だったが,喜んでＳ君を励ましたのである。親から連絡を受けた中学校の担任は,乗馬クラ

ブにも顔を出し，小学校の担任もやってきてS君の成長を喜んだ。
　一時期，部屋で一日過ごしていた「引きこもり状況」のS君のこの変化は，乗馬クラブのスタッフの援助，助言が大きな力になった。そして2年生の3月，S君は「学校へ行って勉強したい」と再登校したのである。
　よく調べると乗馬クラブのほかに「不登校のスイミングスクール」や「農場クラブ」など，今日，不登校の子を援助する施設がいくつもできている。不登校の教育相談にとって大切なことは，再登校させることにこだわるのではなく，たとえひきこもっていても，本人が今できること，したいと思っていることに注目し，それに取り組みながら行動の場を広げていく視点をもつことである。そのためにはこのようなさまざまな施設の情報にも精通し，連携をつくり上げることが大切となる。

③ いじめ，いじめられ問題と教育相談

1 どうして私をいじめるの

　　　　　　　けがれる　あっちいって　　　　　　　　　　　M
　時々，私はE君にいやなことをいわれる。たとえば，こんなことです。
「けがれる　けがれる」
とか言われる。私はE君に，ぼう力をふっていないのに，たたいたりしやはる。まえなんか私の足をひっかけてこかそうとしやった。私が
「E君やろ」と言うとE君は
「おれ　ちがうわ」とか言ってだまさはる。
　だけどE君は，やさしい時もある。私がてつぼうでおちそうになっていると，E君が「おまえあぶないぞ。きいつけ」と言ってくれる。E君は，やさしい時もあるのにどうして私をいじめるのかなと思います。

　E君は，前の学年からも「いじめっ子」として引き継がれている子であった。自分より弱い子や女の子に暴言，暴力をふるって問題になることが多かったという。元気いっぱいで授業中には発表を誰よりも多くする。発表の内容というよりその発表の早さ多さで常に目立とうとしている。友だち関係も気にいった子とは仲良くできるが，乱暴な所と自分勝手な振る舞いで避ける子もいた。

母親との教育相談ではまず，そんなＥ君の意欲的な所，積極的な所を評価し，授業を活発にする積極的な役割を果たしていることはほめることにした。その後も弱い子や行動の遅い子等に攻撃的になり，「いじめ」になることが心配だという母親と相談を重ねた。

　Ｅ君は自分を認めてほしい，みんなから評価を受けたいと誰よりも早く，目立つことを積極的にする子であった。家でも細かなことで注意するより，Ｅ君の良いところや，やさしい行動を示したときにうんと評価してやることを大切にすることを話し合った。母親はＥ君に期待するあまり，強く注意することが多かった子育てを教育相談を重ねるうちに見直すように変化していった。

　　　　　Ｅ君のことで　　　　　　　　　　　　　　　　　　　Ｔ
　　ＭちゃんはＥ君にいじめられている。
　　ぼくは「Ｅ君やめたほうがいいぞ」と言った。
　　１回目は「いや」とＥ君は言ったけど
　　２回目は「うん　わかった」と言った。
　「あやまったら」と言ったら
　「うん」といわっった。心のなかで
　「これで　あんしん」と思いました。
　　　Ｅさんもいやがっていた。Ｅ君はほんまは，やさしいけど　なんで人をいじめるの。
　　　そんなことしたら　だめだぞ。ぼくは，Ｅ君の明るさがいいよ。いつものＥ君になって。

　Ｔ君はＥ君がもっとも信頼し尊敬すらしている仲良しだ。そのＴ君の注意と呼びかけの文をＥ君は素直に受け入れることができた。とくに「Ｅ君は，ほんまは　やさしいけど，なんで人をいじめるの」「そんなことしていたら，だめだぞ。ぼくはＥ君の明るさがいいよ。いつものＥ君になって」がＥ君の心に届いたのである。Ｅ君はこのＴ君の呼びかけに応えた。次の作文には，そうしたＥ君の正直な思いが現れている。

　　　　　Ｍさんのことで　　　　　　　　　　　　　　　　　　Ｅ
　　ぼくは，Ｍさんにやなことをいっぱいしている。たとえば「けがれる　やめろ」
　　とか言った。ぼくは自分でもなおそうとしているけど　ついおもしろがってやってしまう。

ぼくは，これからやめようとしている。Mさんはおもしろくてやさしいのに，ぼくは，やっている。でも，ぼくもいつもしているのではないのです。ぼくは，これからはしないように，どりょくしてみます。

　E君は心の中を正直に書いている。「ぼくは自分でもなおそうとしているけど，ついおもしろがってやってしまう」「いつもしているのでは，ないのです」は，いいわけとも受け取れるが，いじめっ子の本音でもある。「いじめはいけない」ということがわからないわけではないが，「ついおもしろがって」やってしまうのである。

　その後，E君からいじめられていたMさんのお母さんとも教育相談をした。Mさんのお父さんは体が弱くて病気がちで仕事も安定していなかった。そのため，母親は昼も夜も働いており，教育相談の時間をとるのがたいへんであった。お母さんとの相談でMさんのいじめは低学年のころから続いていたことを知る。驚いたことに，Mさんの兄も学校で長くいじめを受けていたというのだ。

　Mさんのお母さんとの教育相談は，まず，いまでは働いて家の生活を助けてくれている兄のいじめの長い話を聞く所から始まった。父親の病院代もたいへんななかで，母親が一生懸命働き，子どものことに目が届かなかったこと，学校で「くさい　あっちいけ」といじめられ，心を痛めたことを母親は涙をながして訴えた。そんななかで，妹のMさんは母親を助けるやさしい子として育ったと話してくれた。何回か自宅での話し合いのなかで，母親は学校での取組みを知って喜んでくれた。これはいじめられている子の教育相談の典型例であるが，そこで重要なことは，その子と親の思いを傾聴し，なによりもしっかり受けとめることである。

2　いじめ事例と教育相談

　小規模校でのいじめ教育相談で次のような事例があった。毎回の相談には，N子の担任と教育相談担当教師の2人で必ず来室され，2年近く続いた。大学の相談室を教師たちが活用した事例である。

　N子は小学2年生のとき，両親が離婚し，母親の実家の屋敷の離れに住むこ

とになったという。母親は障害者であったが、学校へはN子の祖父が来るだけであった。転校してまもなく通学の道でN子が同級生の女の子の持ち物を泥水に捨てたり、ひっかいたり、暴力を振るうということがあり、親からの苦情が学校に寄せられた。小さな学校なので大問題になったという。祖父は地域で影響力のある人だったが、親同士のもめごとになり学校として苦労したという。N子が3年生になったとき、学校から相談に来室された。教育相談では、まずN子の母親との対話が弱かったことを改善し、N子と母親の関係を安定したものにすることを目標にした。

いじめる側の子は、どこかで自分自身が大切にされていなかったり、不満をためていることが多い。N子の場合も父母のトラブルや母親のイライラがN子の不安定さをつくっていることが多かった。祖父の理解も得ながら母親としての自信をもってもらうことを重視して、N子と母親の関係を、学校として大切にし励ますように改善していった。また、いじめられている子と担任とN子の3者関係のなかでN子のいい所を認めてやりながら、いじめられている子の気持ちをN子にわからせる努力を重ねていった。さらにクラスの子ども同士のつながりを遊びを通して改善をはかっていった。

いじめ問題の教育相談では、緊急に暴力やいじめの行為をやめるための介入が必要になるが、それに続いて、いじめている子どもの友だち関係、親子関係、家族関係全体を変えていかないと根本的な改善にはならないことが多い。また、担任が1年ごとに変わる現状では次の担任との教育相談が継続できるよう学校としての体制が大切になる。

4 非行、性的問題と教育相談

児童・生徒の逸脱行動・問題行動と非行との区別はつきにくいものである。便宜上、校内で対処できる範囲の事例か、事件が校外で警察等第三者の関係する問題かによって区別する他ない。万引の例をとっても、店が悪質と見て警察に届ける事例もあれば、店も気づかなかった事例で、学校から子どもを連れて謝罪に行く場合まで多様である。しかし、親との教育相談という点から考えれ

ば「問題行動の事例」と見るのか「深刻な非行」と見るのかで違いはなく，同様の対応をしなくてはならない。初期の場合は，とくにその子どもの親子関係や友だち関係に重点をおいて相談を進めることが大切になる。

　ここでは暴力団員と同棲状況になった中学生のＳ子のケースを参考に考えてみたい。

　Ｓ子は中学２年生のころから学校の担任の指導に従わず，授業をエスケープ，喫煙などを重ね，深夜徘徊や地元の有職青年との飲酒，オートバイの無免許運転などで補導されることを重ねていた。警察の少年課に何回か母親も呼びだされたが，Ｓ子の行動は止まらなかった。なんとか中学を卒業し，単位制の高校に入学はしたが，入学式以外はスクーリングにほとんど行かない状態のなかで，年上の友人を通して暴力団員と付き合いだした。母親はその年上の青年が組員であることを知らず，プリクラ写真を見て変に思いＳ子を問い詰めてはじめて知った。そのころには，Ｓ子は半同棲状態で，きつく追及すると家に帰ってこなくなることが続いた。教育相談では少年課とも相談したが，Ｓ子が自分から泊まりに行く状態で，犯罪にいたっていない関係であり，警察としても効果ある方法はないといわれた。

　そこでまず，Ｓ子の父親，母親関係を見直し，家を出て行方不明になる状態を避ける努力が重ねられた。するとやがてＳ子も夜遅くても帰宅するようになった。相手の青年も小さいときから祖父に育てられ孤独な生活をしていたので，Ｓ子に乱暴は働かなかったが，生活は不安定で組からぬけることも困難であった。中学を卒業してアルバイトを始めたＳ子は「結婚したい」と言い出した。そして16歳になって，親の了承のないままに，２人は婚姻届けを出してしまい，家を出て同居し，やがてＳ子は妊娠した。

　その後，偶然にもＳ子の夫の組長が病気で亡くなり，組の再建に加わることを苦労して断ったＳ子の夫は２人の生活を続けている。その後も２人の生活は不安定でＳ子の両親の心配は続いているが，孫もでき，Ｓ子も落ち着いた生活を送っている。

　教育相談としては「非行」というより家族再建の事例といえるが，娘を思う

母親に寄り添い娘への愛情をなにより大切にすること，そして家族再建の援助をし，子どもとかかわりながら変化の訪れを「待つ」ことがこのようなケースの相談の基本であることを示している。

　問題行動，いじめ，不登校，非行と子どもの状態は違っても，教育相談の基本は解決のかたちにこだわるのではなく，子どもの心，本音を大切にすることである。そして子どもを思いやる親の立場に立って話を聞き，いっしょに考え続けることである，といってよい。　　　　　　　　　　　【倉本　頼一】

　考えてみよう
　1．教育行政・学校がいろいろ対策を講じているのに不登校が増加しているのはなぜだろう。
　2．いじめ対策として「出席停止処置」は妥当だろうか。
　3．教師による父母との教育相談で大切なことはどんなことか。

　参考文献
尾木直樹『いじめ——その発見と新しい克服法』学陽書房，1995年。
竹内常一『少年期不在——子どものからだの声をきく』青木書店，1998年。
中山巌『学校教育相談心理学』北大路書房，2001年。
高垣忠一郎『共に待つ心たち——登校拒否・引きこもりを語る』かもがわ出版，2002年。
齋藤環『社会的ひきこもり——終わらない思春期』PHP新書，1998年。
庄井良信『癒しと励ましの臨床教育学』かもがわ出版，2002年。
村山士郎『ムカつく子ども荒れる学校——いまどう立ち向かうか』桐書房，1998年。
能重真作『砂漠の中でも花は咲くよ』新日本出版社，2004年。
窪島務『現代学校と人格発達——教育の危機か教育学の危機か』地歴社，1996年。

第6章　障害児教育と教育相談

1 これまでの障害児教育の相談活動

　障害のある子どもを授かる，あるいは我が子に障害があることを知ったときの親の驚きとその後の悩みは計り知れないものがある。障害の受容自体が容易なことではなく，それができたとしても，保育や教育の場をどうするのか，さらには学校卒業後の生活や労働の場を見いだせるのか，いまの社会では将来の見通しをもちにくい。親戚からも地域からも孤立してひとりで悩んでいる親は，いまでも少なくないと思われる。

　障害児教育の専門機関ではない，通常の保育や教育の現場で働く人々の場合でも，障害のある子を受け持ったとき，その子をどのように理解し，指導していったらよいか，悩んでいる。とくに小・中学校などで担任するクラスに障害のある子がいると，先生が1人で抱え込んで孤立することがこれまで多かった。十分な学習や経験のないまま障害児学級の担任を1人で任されることとなった人も同様である。

　そうした問題に対応するために，これまで主として盲・聾・養護学校（障害児学校）や自治体の教育センター，あるいは障害乳幼児の療育機関などが，育児・発達相談や就学相談を随時行ってきた。また就学にかかわっては，都道府県や市町村の教育委員会に設けられる就学指導委員会による就学相談や，障害児学校における体験入学等も行われてきた。さらに，小・中学校においては校内就学指導委員会を設け，入学後の継続的な相談活動を行う努力も積み重ねられてきた。

　しかし，たとえば就学の場の決定に関していえば，障害や発達の状態に応じ

た施策を考えていくことは重要ではあるものの，親の意識やニーズの多様化，それぞれの地域の地理的条件や医療機関等の社会資源の整備状況，校舎の施設設備や特別なニーズをもつ子どもを受け入れた際の学級づくりの蓄積など，地域の学校の受け入れ体制などによっても，判断は大きく左右される。すなわち，個々の機関による個別の相談活動には限界があることも次第に明らかになり，地域の福祉・医療・労働等の関係諸機関や地域にある学校間の連携，言いかえればネットワークづくりの重要性が認識されるようになったのである。

2 特別支援教育における相談・支援体制

1 特殊教育から特別支援教育へ

日本の障害児教育制度は長らく，「特殊教育」すなわち障害種別・程度別の盲・聾・養護学校および特殊学級（障害児学級）における教育であった。したがって地域の幼稚園や小・中・高等学校（以下，「小・中学校等」）の通常の学級に在籍する子どもは，小学校と中学校の「通級による指導」を受ける子ども（言語障害，難聴等）以外は，特殊教育の対象外とされていた。しかし実際には，通常の学級にも多くの障害児が在籍しており，とくに近年では，特殊教育の正規の対象とされていなかった，通常学級に在籍する「学習障害（LD）」「注意欠陥多動性障害（ADHD）」「高機能自閉症」といった子どもへの支援のあり方が関係者の間で議論されてきた[1]。

こうした事態をふまえ，文部科学省は従来の特殊教育を「特別支援教育」へと転換する方針を掲げた。調査研究協力者会議や中央教育審議会の議論，すなわち，文部科学省調査研究協力者会議報告「21世紀の特殊教育の在り方について」(2001年) および「今後の特別支援教育の在り方について」(2003年)，中教審答申「特別支援教育を推進するための制度の在り方について」(2005年) を受けて，2006年に学校教育法および関係法令が改正され，2007年度から特別支援教育制度が本格的に始動した。学校教育法の主たる改正点は以下の通りである。

① 盲・聾・養護学校は障害種別を超えた「特別支援学校」へ一本化された。ただし，それぞれの学校が主に教育を行う対象は基本的に変わっていない

（また学校の名称は変更されていない自治体も多い）。
② 特別支援学校の新たな役割として，小・中学校等に対し，障害のある幼児・児童・生徒の指導に関する相談・助言を行うことが，加えられた。
③ 小・中学校等にも，学校全体として障害のある子どもへの指導を行う責務が定められた。また，特殊学級は「特別支援学級」と名称変更された。

これらに合わせて，教育免許制度も変更された。また，すでに2006年の学校教育法施行規則の改正によって，LD，ADHDが通級指導の対象とされるようになっている。

実際には，法制度としての本格実施の前に，特別支援教育に向けたさまざまな取組みが事実上はすでに始まっている。しかしこのような大きな制度的転換が構想されているにもかかわらず，そのための予算的裏づけ，とくに必要な人員配置の措置はきわめて貧しく，既存の資源の再配置により推進されようとしている。そのためかえってこれまでの障害児教育の成果，蓄積を切り崩してしまうのではないかという懸念も多い(2)。

2　特別支援教育に推進事業

特別支援教育の目玉のひとつは，小・中学校等の通常の学級に在籍するLD等の子どもへの教育的支援であるが，それが本当に機能するためには，小・中学校自身および特別支援学校や医療・福祉等の関係機関と連携した，相談・支援体制の確立が不可欠である。

すでに文部科学省は，2003年度から「特別支援教育推進体制モデル事業」，2005年度から「特別支援教育体制推進事業」を全都道府県に委嘱し進めてきた。具体的には，「各都道府県において推進地域を設定」し，小・中学校等においては学校全体で特別支援教育を進めていくための「校内委員会」の設置，「特別支援教育コーディネーター」の指名，「個別の教育支援計画」の策定を行うとしている。また，都道府県教育委員会においては，小・中学校等からの申し出に応じて当該の子どもがLD等か否かの判断や教育的対応等の専門的な意見を示す「専門家チーム」の設置，「巡回相談員」によるLD等の指導内容・方

法に関する指導・助言,「特別支援教育連携協議会」の設置をすることとされている。

とりわけ相談・支援体制にとって，重要な役割を果たすのが，特別支援教育コーディネーター，個別の教育支援計画および特別支援教育連携協議会と，その3者の関係である。

特別支援教育コーディネーターとは,「各学校において，障害のある児童生徒の発達や障害全般に関する一般的な知識及びカウンセリングマインドを有する学校及び関係機関や保護者との連絡調整役」という役割を担うキーパーソン的な教員である。個別の教育支援計画とは,「長期的な視点で乳幼児から学校卒業後までを通じて一貫して的確な支援を行うことを目的として策定」されるもので，関係機関との連携に活用されることが意図される。なお，2002年「新障害者プラン」(障害者基本計画の重点施策実施5か年計画) でいう「個別の支援計画」と概念は同じものである。特別支援教育連携協議会とは,「教育，福祉，医療，労働等の関係部局や，大学，親の会，NPO等の関係者からなる」。要するに特別支援教育コーディネーターが中心となり，個別の(教育)支援計画をツールとして，校内および学校間や，地域における連携・協力体制を築いていくことが期待されているのである。また，特別支援教育コーディネーターは，次に述べる特別支援学校のセンター的機能においても中心的な役割を果たすことになる。

3 特別支援学校のセンター的機能

中教審答申では，特別支援学校に期待されるセンター的機能を次のように例示している。

① 小・中学校等の教員への支援機能
② 特別支援教育等に関する相談・情報提供機能
③ 障害のある幼児指導生徒への指導・支援機能
④ 福祉，医療，労働などの関係機関等との連絡・調整機能
⑤ 小・中学校等の教員に対する研修協力機能

⑥ 障害のある幼児児童生徒への施設設備等の提供機能

すでに，現在の盲・聾・養護学校の学習指導要領によって，「地域における特殊教育に関する相談のセンターとしての役割を果たすよう努めること」と規定されたこともあって，数年前から地域への相談・支援活動が始まっている。

全国特殊学校長会の 2005 年度の調査によると，そうした活動を実施していない学校はすでに少数であり，実施している学校のほとんどはそれを担当する分掌を設けている。ほとんどの学校種で，小学校段階の相談件数がもっとも多いなかで，聾学校だけは乳幼児の相談が圧倒的に多い。次に多いのは，盲学校では就学前，肢体不自由養護学校では中学校段階であるが，一位との差が大きい。内容的にはそれぞれの障害そのものにかかわること（たとえば聾学校では言語指導，補聴器の調整，聴力検査など）から発達相談，就学相談，教員研修など多岐にわたっているが，対象の年齢が上がるにつれて進路に関する相談が増加する。また，学校種にかかわらず，軽度発達障害に関する相談も増えている。知的障害養護学校では，平均すると在籍教員の 5-15％ を相談・支援部門の担当に当てているところが多いが，いずれにせよ必要なだけの教員加配がなされず，地域とのネットワークづくりの困難さも指摘されている[3]。

4　相談・支援事業の実際と課題

特別支援教育にかかわる主な事業の進捗状況は，表 6.1 に示す通りである。校内委員会の設置は比較的早くから進んでおり，特別支援教育コーディネーターの指名も，ここ数年で急速に進んでいる。巡回指導の実施は相応といえるが，専門家チームの設置や個別の教育支援計画の策定は全般的に不振であるといわざるをえない。そもそも相談・支援の外部支援を行う専門家が不足しており，そうした支援がないと個別の教育支援計画の策定もままならないという現実を表している。

では，比較的順調と思える校内委員会やコーディネーターについては，現場に即して見てみるとはたしてどのような実態になっているのであろうか。ここでは埼玉県のいくつかの地域や学校でなされた調査を取り上げてみる[4]。

表6.1 特別支援教育の進捗状況

	2003年	2004年	2005年	2006年
校内委員会の設置	67.4%	74.8%	87.8%	81.0%
コーディネーターの指名	19.2	49.3	77.8	77.4
個別の教育支援計画の策定	6.3	8.7	13.4	17.1
巡回相談の実施	33.9	43.5	51.4	56.8
専門家チームの設置	12.2	17.8	22.6	29.2

(出所:文部科学省「平成18年度幼稚園,小学校,中学校,高等学校等におけるLD,DHD,高機能自閉症等のある幼児児童生徒への教育支援体制整備状況調査結果について(通知)」2007年3月より作成)

さいたま市は,埼玉県のモデル事業の指定地域となった都市のひとつである。その報告書によれば,モデル校のなかには,教員意識の向上や子どもの実態把握・支援のための話し合いが進んでいるという効果もたしかに現れている。スクールカウンセラー,ボランティアなどに依拠しながら,校内体制が整備されつつあることが推察される。しかし,専門家チームや巡回相談の支援は概して十分でなく,モデル校ですら巡回相談は年2回にとどまる。外部支援がないと校内委員会の議論も進まず,「定期的に開かれる会議では,毎回同じような報告で終わり,支援について方向が明確に出されない」という報告もあり,効果は限定的であるという見方もなされている。

他の都市も合わせた調査によると,障害児学級担任がコーディネーターになる割合は小・中学校とも約半分であるが,ほとんどがきわめて多忙のなか,個人の過度の負担と自己犠牲で職務が遂行されている。すなわち,担任するクラスの指導に加え,通常学級の担任の相談に応じる,校内委員会の資料作成,外部サポートや保護者との連絡調整など,その仕事は多岐にわたっているのだが,そのための時間が十分にとれない。そのため,「職員室の立ち話で当該児童担任との相談をすます,行事の際にLDやADHDの子の様子を観察し,声をかけることで実態を把握」するなどの「苦肉の策」で対応せざるをえない。コーディネーターに寄せる期待は高いのであるが,現状では応えきれているとはいえない。また,コーディネーターが指名されていても,校内の職員に十分に知らされていないことも多い(コーディネーターがそれなりにがんばっている場合でさえ)。

校内委員会については，7割が既存の委員会の兼務や再組織で対応しているのが実態で，従来の経験蓄積を継承してうまく機能しているところもあるが，会議が形骸化していたり，ほとんど開かれていないところも少なくない。これらのことは，埼玉県の数都市にかぎらず，多くの地域で報告され，実感されているようである。

　特別支援教育の施策は最近始まったばかりなので，十分に機能しないのもやむをえない面があろう。しかし，少なくとも必要な人的物的条件整備が行政の責任でもってなされていかなければ，特別支援教育は関係者の期待に応えるものにはなっていかない。

　さらに問題なのは，多くの盲・聾・養護学校ではセンター的機能を果たすための人的配慮はほとんどなされていないために，コーディネーターや相談・支援部門の教員が担任からはずされる，すなわち，授業担当教員が相当数削られていることである。彼らのほとんどは学校のなかでも経験・力量のある教員であり，彼らが抜けた状態で今までより少ない教員で授業が担われる。そうすると必然的にトップダウンによるマニュアル化された流れ作業のような指導に傾いていく危険がある。それでは豊かな授業実践が蓄積されず，ひいてはそれが相談・支援活動の専門性にも跳ね返ってくるのである。

　また，サポート，ケアのためのリソースが地域社会に必要なだけ用意されていなければ，学校内や関係機関との委員会や協議会を組織し，話し合いをしたとしても，それは絵に描いた餅にすぎなくなる。特別なニーズをもつ子どもの学習や発達にとって有意義な相談・支援体制を築いていくには，これまでの教育相談の取組みや教育実践が積み上げてきたものに学びながら，そのための必要な条件整備がしっかりとなされる必要がある。

③ 教育相談・支援の取組みの成果から学ぶ

1　障害児学校のセンター的機能の追求

　盲・聾・養護学校のセンター的機能については，文部科学省の政策に取り上げられる前の，すでに1980年代から関係者の間でその必要が論じられ始め，

いくつかの学校でも実践されるようになる。ここでは，大阪市立盲学校の取組みを紹介する(5)。

1980年代に，幼稚部幼児が減少し続けるなかで，同校は改革の一環として「就学を見通した体制づくり」と「保育相談機関としての役割」を追求するようになった。その結果，1991年設置されたのが，保育相談教室「こぐま教室」である。教育行政の側からのセンター的機能についての発信はまだない時代であった。家族の障害受容の過程にていねいに寄り添いながら，「音楽リズムを」中心とした「かかわり遊び」を親子で体験するなかで，「笑顔のすばらしさを手渡す」ことが心がけられた。障害に視点を当てた「視認知に関する訓練」，「就学に関することについての情報提供と相談」さらには「視覚障害乳幼児の「子育て」全般についての相談」を行いつつ，個別対応と集団的対応を両立させ，孤立しがちの保護者が「子育て交流で励まし合う」場を提供してきた。

教育相談は，マニュアルによる指導であってはならない。たとえば，視覚障害の子の健康を願って親は「しっかり食べさせたい」と思うが，単に食べさせることだけ焦点を当てるのではなく，視覚障害によって思いっきり体を動かす機会が制限されるなかで，「おなかがすく楽しい活動」をしっかり保障できるように配慮していかなければならない。子どもの気持ちに寄り添い，子どもを丸ごととらえる実践が，教育相談にも活かされてきたのである。

他の学部でも通級指導や巡回指導の試みが始められた。当時は，教員の間でもジレンマがあったという。在籍児童の指導だけでもたいへんなのに，地域の学校の子までという本音があった。しかし，児童・生徒減は1990年代初めまで，障害児教育全般の大きな傾向であり，盲学校でも子ども集団が貧困化しつつあった（今日では逆に，養護学校や障害児学級の在籍者が急増している）。そこで，視覚障害児が地域の学校で学ぶことと盲学校教育を対立的にとらえず，通級児童を積極的に受け入れ，集団遊びを実施し交流していくことがめざされていく。「より豊かな教育実践が外部への支援を支えていく」からである。

通級してくる児童のなかに「ごめんなさい」とばかり言う子がいた。小学校でもそれなりに回りは気を遣ってくれるのだが，最前列の座席と拡大したプリ

ントだけの配慮で,「よく見えない」という弱視固有の状況やその子のつらさ,居心地の悪さは理解されないままであった。通級指導によって,単眼鏡で白板の短い文章は読めるようになるものの,それでも小学校での一斉指導はついていけなかった。しかし通級指導で「見えにくいのは,ぼくだけと違う」と仲間がいることに気づく子は多い。そこから,子どもによっては,小学校において単に「みんなと一緒」の指導ではない,独自の点字の指導の必要性が理解されていくようになる。

巡回指導ではよく,小・中学校等から求められるのは,「点字教材作成のアドバイス,点字の読みのスキルについて,各教科での具体的な指導の方法と必要な教材づくりが中心」で,「全盲児の心の内面にかかわるような相談を受けることは非常に少ない」という。大阪市立盲学校ではそれを「御用聞き巡回指導」と称し,盲学校の側の専門性がないと単なるスキルだけの指導に陥ってしまうと戒めているが,そのことは盲学校にかぎらず,特別支援教育の相談・支援活動全般についていえることである。

2 特別支援教育コーディネーターの役割と学校・地域づくり

特別支援教育コーディネーターを養成する研修が,都道府県教育委員会などで行われている。数日程度の研修会でどれだけの効果があるのか評価はさまざまであるが,行政による条件・環境整備を待つことなく,自ら各機関に働きかけてネットワークづくりに自覚的に取り組むコーディネーターも現れてきている。

東京の養護学校のあるコーディネーターは,自作の「特別支援教育リーフレット」を手に,授業の合間を縫ってさまざまなところに足を運んできた。訪問先は,養護学校の所在する区内の小学校,中学校,通級学級,区の不登校相談室,子育て支援センター,健康サポートセンター(保健所),就労援助センター等々である。もちろん,ただ訪問するだけではネットワークはできない。たとえば,はじめての小・中学校に行って,「この学校にはどのくらい障害のある子どもがいるか?」といきなり尋ねても,警戒して「本校にはいません」という答えが返ってくることもある。どのような取組みをしているかという質問も,

いきなり土足で上がり込んで，点検評価をされるように思われ，嫌がられるという。子どもの実態をみながら質問や悩みにていねいに応えながら信頼関係を築くことが求められる。子育て支援センターのようなところでも，養護学校のことはあまり知られていないこともある。情報を頻繁に発信しながら，一堂に会する機会を設け，情報や方策を共有し合える地域をつくっていくことが課題である(6)。

　小・中学校等の学校づくりも大切である。これまでは，障害のある子の指導は障害児学級任せという風潮が強かったが，今日ではコーディネーターや障害児学級が全校的な対応を進める核となっている。長野県山形村のある小学校では知的障害と情緒障害を対象とする障害児学級が設置されている。そこでは毎年，学校の全クラスや地域の公共施設に配布するカレンダーづくり，6年生との流しそうめん交流会，休み時間の教室開放，1，2年生を招待するお話教室，通常学級児童を対象とした障害理解教育，在籍児童が交流する通常学級の理解啓発をねらいとした担任者会やお楽しみ会への同担任の招待，職員会での障害児学級の事例発表などに積極的に取り組み，それらを基盤に校内支援体制がつくられてきた。同校では，教頭がコーディネーターになり，自律学級担任のひとりが校内就学指導委員会の主任を担当し，医療，保育園，中学校との連携，養護学校との交流もなされている(7)。

　ところで，特別支援教育コーディネーターがしっかりと機能するには，十分な人的配置が必要であることは関係者の一致した意見であるが，ではコーディネーターは専任とすべきか教育実践と並行して兼務すべきかについては，考え方が分かれている。来校してもらい相談を受けることも多いが，実際にその学校に行き，授業での様子や友人関係，施設設備の状態などを直接見ないと具体的な支援方法が助言できないケースも少なくない。これまで紹介した調査や取組みをみても，片手間でできるような職務ではなく，専任化の要求は当然のことと思われる。しかし，相談・支援活動は，日常の教育実践に支えられるものだという考え方もある。さらには，相談の「支援対象の生活年齢に応じた実践が必要」であるとし，たとえば幼児には幼稚部の教員が，青年には高等部の教

員が担当するべきであるという考えもある。すなわち「単純に1人や2人のコーディネーターと称する教員が専任で外部支援にあたる」のは適切ではないということである(8)。しかし地方の条件によっては，たとえば，北海道のある高等養護学校のように，管内で唯一の養護学校であるため，高等部のみの学校であるにもかかわらず，乳幼児から学齢期，卒業後まで幅広い年齢層の相談に応じているところもある(9)。対象児の障害や生活の実態，学校内部の条件や地理的条件，地域の資源の実情などによって，一律ではない柔軟かつ適切な対応が模索されるべきであろう。

3　通常学級での集団・学級づくりの実践

近年になって，小・中学校等においてもLDやADHDなどの子どもに対する論議が盛んになっている。話を最後まで聞けず，しゃべり出したり席を立ったりする子。相手の傷つく言葉を平気で口にしたり，思い通りにならないと暴力を振るったりしていつもトラブルメーカーとなる子。ほとんどしゃべらず友だちの輪のなかに入れない子。また，これらが原因でいじめの対象になる，自信喪失して不登校になる，神経症的な症状を起こすなどの2次障害が生じることも多い。その子に対する担任の対応に周りの子どもや親が不満を抱き，学級崩壊へとつながっていくことも珍しくない。小学校で適切な対応がなされずそのまま放置された子どもが中学生になると，2次障害もさらに進行し，思春期特有の困難性も加わり，個別の対応も学級運営もより難しくなっていく。

彼らはこれまで，不真面目でやる気がないから文字や計算が理解できない子，物忘れがひどくだらしない子，じっとしていられず親のしつけができていない子，担任の指導力がないので言うことの聞けない子などと非難され，あるいは無視されてきた。「発達障害」の定義や概念は，必ずしも明確にされ共通理解ができているわけではないが，本人や親・担任など個人の責任ではなく，中枢神経系や環境などのさまざまな要因が想定されることによって（ただし原因はまだ明らかになっていない），公的な責任のもとでの対応が必要であると認知されるようになったことは，それなりの前進である。

校内支援体制がしっかりしているところでは，たとえば校長，教頭，養護教諭，教育相談担当と関係教職員で「教育相談部会」を組織し，「1人にかかえ込ませない」で，学校の教職員みんなで対応することが模索されている。補助の教員や介助者（特別支援教育支援員）を付け，必要な場合担任が授業や集会から離れ特定の子どもに付き添ったり，出張当番から当面はずす，保健室や空き教室を緊急避難場所として位置づけるといった配慮への，学校全体での共通理解がはかられたりもしている。

しかし，「発達障害」についての用語や基礎的知識が広がることで，今度は，何か問題があると安易に「あの子は○○じゃないか」と決めつけたり，「あの子は○○だから，仕方がない」「専門家に任せればいい」という，単なるレッテル張りや新たな差別，排除につながる傾向が強まるようなことはないだろうか。

こうした子どもたちは，どうしても「困った子」とみなされがちである。実は困っているのは教師や親，周りの子どもだけではない。その子本人が「困っている子」なのではないか。"自分は一生懸命努力しているつもりなのだが，どうしてもうまくできない""自分の言うこと，することがなぜみんなの反感を買うのかわからない""なぜあんなことをしてしまうのか自分でもわからない""自分の気持ちをどうすれば伝えられるかわからない"一番苦しんでいるのはその子なのかもしれない。そのように発想を変えることで，子どもの苦しみや喜びへの共感的理解が生まれ，いままで見えていなかったその子のすばらしい面，輝いてくるところが見えてくるかもしれない。

小学校でADHDの子どもを受け持ったある教師は，「子どもを知るということは，子どもの苦悩や喜びに触れることである。一人ひとりの子どもにそれぞれの喜びや苦悩がある。それに触れ，共感することで，子どもとの関係もつくられていく」と述べ，そうした共感関係を土台に，子どもとの共同，教師との共同，親との共同という「3つの共同」を築いていくことが大切だと述べている。そのうえで，障害児教育担当教員や心理職の非常勤スタッフなどと連携し，さらにクラスの子どもたちの集団づくりの経験を生かしながら，「困って

いる子」自身がクラスに受け入れられているという実感がもて，クラスのなかでの居場所と活躍できる場面が保障できるような集団づくり，クラスづくりを実践した⁽¹⁰⁾。「困っている子」の学習環境，彼らを含む集団づくり，学級づくりは担任の先生の，まさに教師の専門性の見せ所であろう。教育条件の整備を進めていくとともに，生活指導の専門性を同僚性のなかで発揮していくことが求められているのである⁽¹¹⁾。

4 子どもを丸ごと受けとめ理解する相談支援を

1 個別の機能的訓練と発達的な見方

　特別支援教育においては，障害に起因する「学習や生活上の困難を改善又は克服」することに指導の焦点が当てられることになる。従来の特殊教育が障害を「心身の故障」と呼び，あるいは個人内の「欠陥」「異常」ととらえていたことに比べれば，明らかな前進である。これはWHOの障害の概念，すなわち，障害を「身体機能や構造」の障害，「活動の制限」，「参加の制約」という3層でとらえ，個人的要因と環境的要因の相互作用の総体として理解するという考え方に依拠していると思われる。

　しかし，指導する側の子どもを見る目が十分に肥えていなかったり，劣悪な教育条件のもとで余裕がなかったりすると，往々にして，障害だけを見て子どもを見ない指導に陥りやすい。すなわち，障害だけでなく人間としての発達の状態全体をその子の生活全体の脈絡でとらえて指導するのではなく，個別の困難事項（〜ができない〜という問題行動をする）への表面的な理解と対症療法にとどまってしまうことになる。

　この点は，最近のLD，ADHDの相談・支援でも議論となっている。単に読み書きや計算の間違いをその都度指摘し，字の形などを分解して繰り返し練習させる，あるいは多動を注意し押さえつけるのではなく，自分で自分をコントロールできるように「安心」や「自己肯定感」をもたせながら指導していくことが大切とされる。それは学習や発達する子どもの主体性の問題を無視できないからである。

滋賀大学のキッズカレッジによる読み書き障害の子どもの支援・指導は，知覚の混乱を取り除き安定，注意をコントロールする力をはぐくむこと，そのためにリラックスし，自分のペースをつかみながら，自分への自信と信頼を回復させ，自分で間違いに気づき修正していけるようにすること，その過程では十分にほめ，適宜休息を入れながらていねいに個別指導をしていくことを原則としている。なぜなら「子どもの知覚の混乱や不安は環境や子ども自身が増幅させて現象形態として読み書き障害の現象が作られる」のであり，「読み書き障害児自身が，困難を克服しようと努力し，もがいた結果でもある」ととらえているからである。「発達障害を理解する鍵となるのは発達そのもの」であり，「読み書きの困難という視点を超えて生活現実における困難の全範囲に視点を当てるべき」なのである[12]。

2 内面を理解するということ

子どもを丸ごと理解するためには，表面に見られる諸能力や性格をチェックするだけでなく，それらがどのように連関して作用しているか，またその背後にある内面的な要求や葛藤は何か，それはどのような生活の背景からきているかを理解することが大切である。このことは，知的障害や自閉症の子どもによく見られるいわゆる「問題行動」に対するこれまでの多くの優れた実践や臨床研究でも明らかにされてきた。「こうしたい」「これは嫌だ」「わかってもらいたい」という自分の思いをうまく表現できない葛藤が，問題行動というかたちになって表れるのであり，本人も苦しんでいるのである。だからこそ「問題行動は発達要求の表れ」であるというとらえ方が重要になってくるのである。

内面を理解するというのは，単に子どもの気持ちを尊重するということではない。聾学校の重複障害学級のある教師は，次の音楽の授業が始まろうとしているのに，遅れてきてなかなか音楽教室に入ろうとしない子の例をあげて，「「モタモタしている」ととらえるか，「たじろいでいる」ととらえるかによって，実践は決定的にちがってきます。モタモタは，外からのとらえ方，たじろぐは，内面に即したとらえ方です」と述べている[13]。それまではなんでも「モタモタ」

している子としか見ていなかったのが，実は前のクラスの授業の余韻があまりに強く残っていて，たじろいでしまったのだ。それほどこの子は感受性の強い子だったのだ。そのように積極的にとらえることによって，子どもを共感的に理解できるようになる。そうした教師の姿勢が子どもにはねかえると，子どもは認められている自分に喜びと自信を感じ，主体的な発達要求を促すことにつながっていくのである。内面の理解ということが一方的な思い込みにならぬよう，常に実践や生活のなかで確かめていく必要があるものの，このように理解することで，子育ても教育実践が飛躍的に発展することに注目したい。そしてそのことはまた，目には見えない成長をとらえることにもつながる。

　障害児教育における教育相談活動では，ややもすると相談者の要求が対症療法に偏りがちである。困難や悩みの深刻さがそうさせるのであり，相談・支援においてはそうした切実な願いをていねいに受けとめつつ，強制的な訓練でも放任でもない，教育と発達の理論をくぐった指導へとつなげていくことが求められるのである。　　　　　　　　　　　　　　　　　　　　【荒川　智】

注
（1）これら3種の障害は従来「軽度発達障害」と呼ばれてきたが，本人や保護者の困難・悩みはけっして「軽い」ものではなく，「軽度」という表記は適切でないと指摘されてきた。文部科学省は2007年3月に通知を出し，「発達障害」と表記を改めている。文部科学省の調査では約6％いるとされている。一般的に，知的発達の遅れはないものの，読み書きや計算が非常に困難である（LD：学習障害），注意力に問題があったり多動や衝動的な行動をとる（ADHD：注意欠陥多動性障害），社会性・人とのかかわりが困難であったり極端にあることに固執する（高機能自閉症）といった特徴をもつとされる。この他，高機能自閉症に似ているがことばの発達に問題のないアスペルガー症候群など，自閉症とそれに近い症状を総称して「広汎性発達障害」あるいは「自閉症スペクトラム」といわれている。ただし，本来の「発達障害」にはこれらのほかに知的障害（精神発達遅滞）等も含まれ，さらに検討が必要である。
（2）「特別支援教育」とは，「障害のある幼児児童生徒の自立や社会参加に向けた主体的な取組を支援するという視点に立ち，幼児児童生徒一人一人の教育的ニーズを把握し，その持てる力を高め，生活や学習上の困難を改善又は克服するため，適切な指導及び必要な支援を行うものである。」（中教審答申より）

（3） 全国特殊学校長会『平成17年度研究集録』法制度専門部会より。
（4） 以下はさいたま教育文化研究所『さいたまの「特別支援教育」とコーディネーター』2006年を参照。
（5） 以下は，越野和之・青木道忠編『特別支援教育と障害児学校の専門性——大阪市立盲学校「センター化」15年の挑戦』クリエイツかもがわ，2006年を参照。
（6） 太田英樹「特別支援教育コーディネーター日記2005」2006年度全国教研レポートより。
（7） 荒井一也・丸山久佳「ともに歩こう　自律学級を中心に据えた学校づくり・地域づくり」第40回全障研全国大会レポート・2006年より。
（8） 前掲『特別支援教育と障害児学校の専門性』より。
（9） 宮田樹哉「北海道小平高等養護学校の地域支援部の取組みと課題」2006年度全国教研レポートより。
（10） 大和久勝『ADHDの子どもと生きる教室』新日本出版社，2003年より。
（11） 特別な教育的ニーズとは……障害児教育にかぎらず，近年では特別な教育的ニーズ（SEN）あるいは特別なニーズという用語が頻繁に使われるようになった。それはけっして障害児の「特殊な」ニーズという意味ではなく，障害の有無にかかわらずすべての子どもがもつ普遍的なニーズが，通常の教育環境・条件・内容・方法でもってしては十分に満たされない場合に生ずるものであり，欧米では障害にかぎらず，民族的・言語的マイノリティなど種々の要因による学習困難が対象になっている。特別なニーズという視点に立って，校内委員会や校内教育相談部などが，障害児だけでなくいじめ，不登校などの問題も合わせて対応している学校も少なくない。
（12） 滋賀大学キッズカレッジ・窪島務編『読み書きの苦手を克服する子どもたち』文理閣，2005年より。
（13） 竹沢清『教育実践は子ども発見』全障研出版部，2000年より。

考えてみよう
1．子どもの問題行動に対応する際に留意すべきことをまとめてみよう。
2．特別なニーズをもつ子どもについて相談できる人や機関を整理しておこう。

参考文献
1．荒川智『「特別支援教育」をこえる』全障研出版部，2003年。
2．日本特別ニーズ教育学会編『テキスト　特別ニーズ教育』ミネルヴァ書房，2007年。
3．荒川智・越野和之・全障研研究推進委員会編『障害者の人権と発達』全障研出版部，2007年。

第7章　保護者への援助と教育相談

1　教育相談の対象としての保護者

1　保護者と教師の微妙なズレ

　学校における教育相談の対象は，第1には子どもであり，第2には保護者と教師である。保護者と教師は，子育て・教育という営みを通して，子どもの発達・成長を支援・指導するという共通課題を有している。しかし，保護者と教師は，子どもへの役割を共有しながらも，なかなか協働しにくいといった悩みをかかえている。これはなぜであろうか。

　私が最近参加したある小学校の校内研修会は，「いろいろな保護者への対応の仕方」をテーマに開催された。担任としてかかわっている保護者の事例をいくつか出し合い，教師全員で検討していくケース・カンファレンス（事例検討会）として開催された研修会であった。学校では，毎日のように子どもにかかわって，さまざまなトラブルが発生するが，保護者とのトラブルも増加している。論議のなかで，以下のような状況が報告されていった。

　たとえば，粗暴な言動が目立つ男子児童について，担任が連絡を入れたところ，「学校であったことは学校で片づけて，いちいち家に言わないでほしい」と言う母親。また，「何か学校でトラブルがあって，家でも話してくれと言われても，ふだんから家ではあまり話さないので困る」と言う母親。「お前のせいで俺らの縄跳びのチームが負けた」と女子をたたいた男子児童の家庭に連絡したところ，「先生の指導が悪いからトラブルが起きた」と担任を責めた母親。ある女子児童に，「きたない，あっち行け」と悪口を言った男子に対して，学年の教師数名が指導したところ，「子ども1人に対して，教師が取り囲んで怒

った」と抗議をしてきた母親。学級で起きたいじめに対して、「私が学校へ直接行って、いじめている子どもを取り締まってやる」と出かけてくる母親。子どもの様子を毎日事細かに観察し、「うちの子どもは、いじめられているのではないか」と頻繁に連絡をしてくる母親などである。

　主として、学校での子どものトラブルをめぐって、家庭との協働の難しさが焦点となった。こうした保護者の反応に対して、20代の若手教師からは、何をどのように伝えればいいのか、伝えなくてもいいことと伝えることの区別はどうつけるのか、何を依頼すればいいのか、何を聴き取ればいいのかといった戸惑いを含む発言が続いた。なかには、腹立たしさを感じてしまうといった若手教師の発言もあった。日常的には、子どもから「あほ、ぼけ」といった悪態を受けるなかで、傷ついている教師の姿も語られた。

　しかし、保護者と教師が協働しにくいという状況を読み解く貴重なヒントが、これらの報告には含まれているのではないか。

2　保護者と教師のズレを解くヒント

　紹介したいくつかの保護者の事例から、保護者と教師の課題や微妙なズレがどこにあるのか探ってみたい。

　第1には、話題に出る保護者は母親が多く、子どものことでは母親が孤立して困った状況をかかえている傾向があること。第2には、保護者と子どもとのコミュニケーションがうまく取れていないケースが目立つこと。第3には、同時に保護者と教師とのコミュニケーションもうまく取れていないケースが目立つこと。第4には、とくに保護者が学校からの連絡を受けたときに、責められていると感じる傾向があること。第5には、その土台には保護者自身が抱いている、学校に対するなんらかの不信感がうかがわれること。第6には、「学校であったことは学校で片づけて」といった保護者の言い分にも一理あることなどである。

　同時に、これらの課題は、そのまま保護者を教師に、学校を家庭に読み替えてみると、そっくり教師のかかえている課題でもあることがわかる。つまり、

教師も子どものことで困っている。しかし，子どもや保護者とのコミュニケーションがうまくとれない。教師も保護者などから責められ，教育行政からは「指導力不足教員」の烙印を押されないように自己防衛的にならざるをえない。そこには，結果だけで評価されることや家庭が機能を十分発揮していないことなどへの苛立ちや不信もある。この状況に，子どもとの関係がうまくいかないことが重なれば，心身とも疲弊し病気になる教師が増加するのは必然である。

　このなかから，お互いのズレを修正していくヒントは，教師が保護者の「苦情」や子どもの「問題行動」に込められたSOSのメッセージを聴き取り受けとめていくことであり，同時に教師が悩みを率直に打ち明けながら，保護者や同僚へのSOSを上手に発信していくことにあるのではないか。これは，簡単には答えが見つからない問いを，教師と保護者で共有していく作業でもある。SOSを受けとめいっしょに考えていくこと，ここに保護者に対する教育相談のひとつの意味があると考えている。同時に，この難しい仕事を，教師が1人で背負わなくてもすむネットワークをつくっていくことが不可欠である。

　学校現場では，2007年から始まる団塊世代の退職期を迎えて，20代から30代の若い教師の採用が急増期を迎えている。同時に，とくに小学校では保護者の世代も30代が中心である。ここには，若い世代同士の余分な気遣いや必要な配慮の欠如などに加えて，学校と家庭への相互の不信，親や教師としての不安や孤立感といった多様な課題があり，コミュニケーション能力の乏しさだけではなく，自分自身のあり方，生き方への揺らぎと再編を含む課題が横たわっている。

　しかも，団塊の世代とその周辺世代の教師が退職した後，20代から30代の世代は学校現場のほぼ最前線で，今後働き続けるという役割を担うことになる。ここに，子どもへの支援のあり方と同時に，子育てや教育について，経験が豊かとはいえない若い保護者と教師への支援のあり方が，重要な課題となってくる。

2 保護者の悩みと教育相談

1 学校における教育相談の全体像

学校における狭義の教育相談は，教育相談担当とすべての教師を担い手として行われている。その活動内容としては，次の4点があげられる[1]。

① 個人やグループを対象としたカウンセリング
② 学級や学年などを対象としたガイダンス
③ 援助者同士が課題解決のために相互支援として行うコンサルテーション
④ 学校内外の援助資源（リソース）の連携，調整をはかるコーディネーション

なお広義の教育相談活動は，これらに加えて，教育相談活動の計画立案，調査・検査の実施，資料整備・活用，研修会の企画・実施，広報活動，相談室の管理・運営，評価などが含まれてくる[2]。

現在私は，毎月1回ずつ4カ所で，小中学校や高等学校の教師やスタッフなどと一緒に，ケース・カンファレンスに参加している。スーパーバイザーとして委嘱を受けているが，チーム支援のためのコンサルテーションの場として位置づけている。この場合，スクールカウンセラー，養護教諭，管理職，担任，学生ボランティア，教育相談員，大学教員など，それぞれに異なる専門性を持つ参加者は対等な関係である。

石隈利紀は，学校教育におけるコンサルテーションについて，「異なった専門性や役割をもつ者同士が子どもの問題状況について検討し，今後のあり方について話し合うプロセス」と定義している[3]。また，コーディネーションについては，「学校内外の援助資源を調整しながらチームを形成し，援助チームおよびシステムレベルで，援助活動を調整するプロセス」と定義している[4]。

学校における教育相談には，大きく分けて3つの機能が含まれている。1つめは問題解決的教育相談であり，2つめは予防的教育相談であり，3つめは開発的教育相談である[5]。前述したチーム会議の取組みや子どものいじめ，不登校，荒れなどの諸課題への個別の支援・指導は，主として個人やグループを

対象とした問題解決的教育相談の実践といえる。予防的教育相談は，欠席が目立ったり，元気をなくしていたり，些細なトラブルが目立ったりなど，気になる子どもたちへの個別の支援・指導，グループ・カウンセリング，学級指導など，大きな問題発生を事前に防ぐことを主たる機能としている。また，開発的教育相談は，進路ガイダンス，ソーシャルスキル・トレーニング，構成的グループ・エンカウンター，ピア・サポートなど，広く人間関係の形成や人としてのあり方・生き方などにかかわるさまざまな心理教育的支援・指導を主たる機能としている。

保護者への教育相談の前提として，学校教育相談の全体像について言及した。それは，カウンセリング，ガイダンス，コンサルテーション，コーディネーションという狭義の教育相談の活動内容，および問題解決的教育相談，予防的教育相談，開発的教育相談という教育相談の機能が，保護者への教育相談においても重要と考えているからである。

2　見えにくい保護者の悩みと教育相談

冒頭の校内研修会で出されたいくつかの事例も象徴的であるが，学校には保護者の悩みというよりも，過剰な反応も含めて，さまざまな「苦情」が持ち込まれることの方が増えているという教師の悩みをよく聞くようになった。教師が，保護者対応に苦慮している姿である。

小野田正利は，学校への保護者からの要求を「要望」「苦情」「イチャモン（無理難題要求）」の３段階に分け，1990年代後半以降の「構造改革」によるリストラ，競争原理に基づく成果主義がゆとりや寛容さを失わせ，学校がストレスのはけ口になっていると指摘している[6]。

このような状況のなかでは，人間的なつながりは形成されにくく，保護者や子どもは孤立感を深めていく。とくに，1989年の学習指導要領改定以降，「自分さがしの旅」＝「自己実現」を支援する教師の役割が強調されてきた。ここでは，子どもの課題を自己の心のあり方や意欲，努力の問題として問いながら，社会への適応競争と個性の商品化が進行していった。このなかで，「困ったと

きはお互い様」ではなく，「困ったときは自己責任」といった価値観が政治・経済・教育界に急速に広がり，自分らしさをひたすら個人の内面に求める「内閉的個性志向」[7]に拍車がかかっていった。

　企業や役所，学校，地域や社会のなかで，成果主義の下に，絶えず競争的環境に身を置き評価を受けることで，ストレスを弱者に発散したり，心に鎧をまとい手ごたえのない人間関係を重ねているような人々も増えているのではないか。この傾向は，子どもたちの人間関係にも反映され，いじめ，不登校，荒れといった課題を増幅させてきた。

　学校現場にも，鎧を着た保護者のさまざまな「苦情」と子どものかかえる課題が持ち込まれ，内包されている悩みも自覚されにくく，また周囲からも見えにくくなっているように思われる。保護者から持ち込まれるさまざまな「苦情」を生かし，協働関係につなげていくことが，学校における教育相談活動の重要な役割のひとつになっている。和井田節子は，保護者と信頼関係をつくる面接のポイントについて，「ねぎらいの態度で接する」「会う目的をはっきりさせる」「原因探しよりは作戦会議にする」「複数で会う」といった点を強調している[8]。

　私は，保護者との教育相談に際して大切な教師の姿勢と実践ポイントについて，次の7点を強調しておきたい。

① どのようなきっかけであれ，保護者が自ら学校に対してはたらきかけをしていることに対して，ねぎらい受けとめる姿勢を示す。

② 保護者からの「苦情」には，どんな悩みや要望が含まれているのか，ていねいに聴き取り共有していく。

③ 保護者の悩みや要望には，自分自身にかかわることと子どもにかかわることが含まれていることをふまえ，いっしょに考え励ます。

④ 子どもにかかわって，学校と家庭でできることとできないことをいっしょに考え，役割分担をはかっていく。

⑤ 無理難題については，管理職，学年主任なども交えて，保護者にきちんと返していく。

⑥ 課題への焦点化ではなく，成長を信じる視点を大切にして，子どもへの

ポジティブな評価を保護者に伝えていく。
⑦ 子どもの課題への取組みを学校内や親子関係だけに矮小化しないで，学校外や保護者の周辺の人的資源も生かしていく。

とくに，ねぎらいに象徴されるような，保護者への手当て（ケア）というかかわりは，課題解決を志向する前提としてもっとも重要である。保護者との関係における微妙なズレの多くは，この欠如に起因することが多いからである。

3 子どもを追い詰めない距離のとり方と教育相談

学校にさまざまな「苦情」が寄せられる一方で，保護者の大きな期待を受け，有名な高校や大学に進学した子どもが，保護者の命を奪うといった痛ましい事件が後を断たない。大人が良かれと思ってしていることが，その命を左右するところまで子どもを追い詰めているとしたら，かかわり方の見直しは緊急の課題である。

乳幼児期から学童期は，生活面でのしつけや価値観の形成，学校の選択，学習塾やスポーツ・芸術教室に触れる機会の選択など，保護者がリードしながら子どもを育てる側面が強い。子どもにとってもっとも辛いことは，まったく期待されず無視されることであり，保護者がわが子に期待を寄せることは，あながち否定されることではない。

しかし，他方で気がかりなことは，①良かれと思いながら，競争原理の渦に巻き込まれて，子どもを追い詰めてしまう保護者や教師が少なくないこと。②保護者や教師の期待に過剰適応し，感受性豊かで学力も高い「良い子」が少なくないこと。③学校，家庭，塾，社会が，進学・就職競争といった一元的な価値観に覆われるなかで，そこに乗れない子どもの居場所が乏しくなっていること。④とくに発達障害など，さまざまな課題をかかえた子どもが追い込まれ，生き辛くなっていることである。子どもが中学生，高校生になったころに，友人関係のトラブルやいじめ，不登校，荒れといったかたちを通して，親子関係や思春期の課題が表面化することも多い。

高校に入ってしばらくして調子を崩し不安定になったある女子生徒がいた。

彼女は,「お母さんは,自分が一番私のことをわかっているって言うけど,それが押し付けがましくてたまらない。そこから抜け出したくて,今はお母さんから少し離れようとしている」と話した。また,中学校の頃を振り返って,「あの頃の私って,すごくプライドが高くて嫌われていた。親にレールを敷かれて,その上を突っ走ってたけど,このままいくと大変なことになるって思った。レールにカチカチに縛られてる自分じゃなくて,もっと柔軟に人とかかわりあって,友達の輪の中に自然に溶け込めるようになりたいって,ずっと思ってた。でも,素の自分で人とかかわるのが恐かった」と話した(9)。

　思春期は,親からの精神的な自立,性の目覚め,友人関係を土台にした自己形成と解体・再編などが発達課題になる時期である。この生徒は,学校で話を聞いてもらえる教師との出会いに恵まれ,教師を介しながら親にも自分の気持ちを話すことができ,親との出会い直しを果たしていった。それは,いままで走ってきた親の敷いたレールを脱却し,自分で人生のレールを敷き直していくという,困難とやりがいをともなう作業のスタートでもあった。

　こんなときに,保護者との教育相談で大切にしたいことは,以下のような子どもを追い詰めない距離のとり方を共有していくことである。「今まで,本当によくがんばってきたね」という保護者の一言で,子どものいのちが救われるようなケースは,けっして少なくないからである。

① わが子が思春期を迎えたころ,よくここまで大きくなってくれたと素直に成長を喜び合う。
② 今までは通用してきたかもしれない暴力・脅し・比較,物で釣る,泣き落としといった子どもへの支配・コントロールをやめる。
③ 保護者が良かれと思って敷いてきたレールを子ども自身はどう受けとめているのか,フィードバックを求める。
④ 子どもが挫折や失敗をしたとき,責めるのではなく,「今までよくやってきたね」とねぎらいひと休みをとる。
⑤ 少し時間をかけて,これからどうしたいのか,子どもの相談にのっていっしょに考える。

⑥ 子どもを自分の人生の主体として尊重し，どんなときも見捨てないで見守り応援していく(10)。

　保護者から見れば，わが子の挫折に遭遇し，先のことが心配になることもある。しかし，挫折も無く，第一希望がすべて叶う人生などまずない。挫折や失敗をしたときに，保護者や周囲の人々とつながりながら，どう凌いで自分らしく生きていくかである。そうやって，大人たちは自分の人生を生き抜いてきたのではないか。子どもが挫折したときにこそ，挫折や葛藤を含めてリアルに自分の人生をわが子に語ることが，保護者や教師に求められている。

3 保護者への教育相談とチーム会議
——内に開かれたネットワーク支援

　保護者への教育相談活動の担い手は，担任だけではない。子どもへの支援の際と同様であるが，担任以外の教師やスクールカウンセラーなど，校内の構成員の協働によるネットワーク支援は重要である。同時にこうした場は，スタッフ同士のピア・サポートの場としての意味も有している。それは，ケース・カンファレンスが，子どもへの支援・指導と同時に，同僚の抱える困難や悩みを聴き取りながら，必要な支援をしていく場としての機能を有しているからである。この点は，保護者の抱える困難や悩みを聴き取り支援していく教師の力量形成にもつながっている。私は，このためのシステム形成と支援活動を「内に開かれたネットワーク支援」と呼んでいる。

　また，毎月小中学校や高等学校の教師やスタッフなどと継続しているケース・カンファレンスをチーム会議と呼んでいる。あるチーム会議の参加者は，管理職，保健部員，養護教諭，学年主任，担任，部活顧問などであり，またあるチーム会議は，教育委員会の指導主事，不登校支援協力員，学生ボランティア，小学校・中学校の生徒指導担当や養護教諭などである。

　たとえば，私立中学校・高等学校のチーム会議では，不登校の事例に対して，「それまで保護者の期待を背負ってがんばってきた子どもが，自分のペースで自分の目標を立て直していく自立の一歩」としてとらえながら，家庭での休ま

せ方と学校での居場所の確保などに視点をあてながら，保護者への面談と子どもへの面談を計画していくことも少なくない。

　また，私立単位制高等学校のチーム会議では，小学校・中学校とほとんど不登校であった生徒が，やっと登校した高校で意見の衝突や仲間はずれなど，人間関係のトラブルを起こす事例に対して，「登校して自己主張ができて，お互いにトラブルが起こせるようになったことは，すごい成長ではないか」ととらえながら，双方の成長につながるような指導・支援を検討することもある。

　さらに，公立小学校・中学校・教育委員会の関係者を含めて行っているチーム会議では，教育相談担当の教師が，毎朝数件家庭訪問を行って親子を起こしているような事例に対して，「学校を休ませておくだけではエネルギーを充電できない家庭もある。家庭で保護者にしかできない役割を果たすようお願いする」といった視点から，どうしたら保護者にうまく伝え，励ますことができるのか悩ましい論議をすることも少なくない。また，不登校になった中学生について，小学校での取組みや小学校の教師の見立てが，子どもや保護者理解の大きなヒントになることがある。学生ボランティアや不登校支援協力員など，学外からのスタッフと子どもたちとの関係から子どもの意外な姿や成長が見えてくることも多い。

　このようなケース・カンファレンスを柱としたチーム会議のなかでは，保護者への支援も含めて，次の5点を大切にしてきた。第1には，「課題解決を志向する」ことである。原因追求に終始して誰かを責めるのではなく，具体的に何ができるかを検討する。第2には，「困っている人を救う」ことである。困っているのは誰なのか焦点化し，困っている内容や緊急性に応じた援助の方策を検討する。第3には，「キーパーソンを探す」ことである。課題解決のためには，誰がキーパーソンとなるのか，誰に頼ったらいいのかを検討する。第4には，「援助資源（リソース）を生かす」ことである。担任だけではなく，養護教諭やスクールカウンセラー，学年主任など，生徒や保護者の支援に必要な援助資源を生かし役割分担をはかる。第5には，「ミニ・チーム会議を開く」ことである。日常的な課題に対しては，学年会議，短時間の関係者打ち合わせな

ど，タイムリーに柔軟な形で開いていく。
　こうした実践のなかから，チーム会議の意義とあり方について，次の点を確認してきた。
① 教育の専門家である教師と心理治療の専門家であるスクールカウンセラーなど，参加者はすべて対等な関係である。
② チーム会議の第1の目的は，子どもの発達・成長を支援・指導していくことである。
③ 第2の目的は，子どもと前線で向き合う担任を支えていくことである。
④ 同様に，子どもにかかわる保護者への支援を検討していく。
⑤ 必要に応じて関係する教師などが自由に参加できる「開かれた会議」にしていく。
⑥ 子どもへのアセスメントに基づき，「子ども理解」と「取組み方針」を深めていく。
⑦ 「子ども理解」に基づく「取組み方針」を立てながら役割分担を行い，教師集団としての実践力量を高めていく。
⑧ 「子ども理解」を深める際のまなざしを，学年などにフィードバックし，教師集団がすべての子どもや保護者に注ぐまなざしに発展させていく。
⑨ この取組みを，生徒指導と教育相談のあり方に反映し，双方の機能的・実践的な統合につなげていく。
⑩ チーム会議は，急増している若い教師だけではなく，若いスクールカウンセラーや若いスタッフを育てていく場としても重要である[11]。

　ケース・カンファレンスを柱とするチーム会議は，どちらかといえば教師サイドからの支援・指導という発想が強い。しかし，保護者は子育ての専門家であり，子どもへの支援・指導を考えるチーム会議における相互コンサルテーションの重要な一員となりうる。この場合，保護者との教育相談は，子どもの発達・成長を支援するための「作戦会議」としての意味をもつ。教師が保護者を指導するという発想ではなく，教師も保護者に相談を持ちかけ，対等な関係のなかでお互いの知恵と力を借りるという発想である。チーム会議の意義とあり

方で述べた点は，保護者を交えたチーム会議という教育相談活動の際にも有効であると考えている。

4 保護者への教育相談と専門機関との協働
―― 外に開かれたネットワーク支援

　子どもにかかわる課題は，学校や家庭だけでは対応できない困難さをはらんでいることも多い。ここに，学校内外に，教師，保護者，専門機関などが協働した支援ネットワークを形成していく意味がある。

　ここでは，校外の専門機関との協働によるネットワーク支援という視点からの取組みについて述べたい。私は，このためのシステム形成と支援活動を「外に開かれたネットワーク支援」と呼んでいる。当然のことであるが，内と外に開かれたネットワーク支援は乖離しているのではなく，双方がリンクしながら支援効果を発揮していくものである。

　たとえば，多様化・複合化する不登校に対しては，心理臨床分野だけではなく，ケースに応じて医療・福祉・司法・教育行政などの専門機関との協働をはかっていくことが求められている。

　実際，小中学校や高等学校の不登校には，発達障害や境界例の子どもなど，専門的な診断や治療を必要とするケースも少なくない。子ども自身が，すでに医療機関の治療を受けていたり，カウンセリングに通っているケースも増えている。この傾向は，保護者にも同様に見受けられる。

　また，失業，児童虐待，家庭内暴力，離婚など，学校だけではかかえきれない家庭事情を背負ったケースも増えている。教師は自らの限界を知ったうえで，専門機関と協働した取組みを迫られるケースが増えている。たとえば，児童虐待や発達障害などの背景を含む不登校の場合，児童相談所，クリニック，ケースワーカーなどの専門機関と連携した支援が必要となる。

　では，それぞれの果たす役割や独自性を生かしながら，双方向性をもって「外に開かれた支援ネットワーク」をどのように形成していけばよいのか。次のよ

うな視点が大切であると考えている。
① 教師と校外の専門機関は対等な関係であり，専門性を尊重し合い協働していく。
② 機関と機関のつながりではなく，お互いに顔の見えるつながりをつくっていく。
③ そのために，管理職や生徒指導，教育相談担当などは，コーディネーターとして機能を発揮していく。
④ 中学校などに配置されているスクールカウンセラーの活用も，コーディネーターに依るところが大きい。
⑤ 学校は，専門機関を責めるのではなく，不十分な職員体制のなかで必死に取組みを進めている児童相談所の職員や福祉事務所のケースワーカーなどと連携を密にしていく。
⑥ 専門機関だけではなく，学生ボランティアなどの青年のもっているエネルギーを，学校教育のなかに積極的に生かしていく。
⑦ こうした協働の試みを，ネットワーク支援のための条件整備をはかる取組みにつなげていく。同時に対人援助職の若いスタッフを育てることにもつなげていく。

学校が「外に開かれたネットワーク支援」を志向することは，専門機関任せにすることではなく，協働するなかで学校としての役割と主体性を明確にし，発揮していくことでもある。同時に，学校だけが無理難題をかかえ込むのではなく，限界を自覚しながら，専門機関に率直にSOSを求めていくことである。この姿勢は，教師が保護者への教育相談を行う際にも重要である。

私は，ケースワーカーの研修会に招かれることもあるが，専門機関の職員の勤務状況を知るほどに，専門性の維持ひとつをとっても，課題が大きいことを感じている。たとえば，ある地方自治体のケースワーカーの研修会では，次のような報告を受けた。福祉事務所に勤務しているケースワーカーは，平均1人で80件程のケースを担当している。対象は，乳幼児から高齢者までと幅広く，当然子どもも大人も支援の対象である。学齢期の子どもも担当しているが，と

ても学校と連携する余裕がない。いじめで不登校になった中学生を担当したときに，学校と連携しようとしたが，「いじめはない」という返答であり，情報を共有していくことはなかなか難しい。また，3年で配置転換があるため，慣れたころにはまったく異なる職場に配属される。児童相談所でも，心理判定員などの専門職以外は，地方自治体の職員として，同様に配置転換の対象となる，といった状況である。

ここには，援助資源としての人手も専門家も足らないといった二重の政策的貧困がある。つまり，学校の教師だけが困難をかかえているのではなく，専門機関のスタッフも同様の困難をかかえながら支援活動を行っているのである。このような実態を共有しあうことから，責め合わないで顔の見えるつながりが生まれていくのではないか。問題は構造的に生みだされているが，それを地道に是正していくのも，最前線で子どもや保護者とかかわりながら，ネットワーク支援を志向している教師・保護者・専門機関などのスタッフである。

5 保護者への教育相談とPTA活動

1 PTA活動とリンクする保護者への教育相談

PTA活動は，すべての保護者と教職員を会員にして，大きく3つの目的を有している。1つには，文化・教養など会員相互の幅広い交流と研修，2つには，子育て・教育にかかわる相互交流と研修，3つには，学校教育にかかわる諸課題への取組みや支援である。これはちょうど，開発的教育相談，予防的教育相談，問題解決的教育相談という学校における教育相談の3つの機能とも重なる。ここに，PTA活動と保護者への教育相談がリンクして，その効果を発揮していくための条件があると考えている。

たとえば，①保護者のニーズを反映した事業を企画する。会員は相互に人間関係を深め顔見知りになっていく。②教育・子育てをめぐる課題について，講演，シンポジウム，討論会などを企画する。会員は共通理解や認識を深めながら，保護者や教師としてのあり方を見直していく。③具体的に学校や家庭・地

域で，いま起きている課題に対して，どのようにとらえ取り組めばいいのか論議して実践していくことなどが考えられる。

しかし他方では，教師が子どもの指導・支援にかかわって大きな困難を感じるケースは，保護者の関心がなかなか学校に向かないときである。とくに，子どもがさまざまなトラブルにかかわっている場合，学校は保護者にとって非常に敷居の高い場所となり，PTA主催の事業に参加してほしい保護者ほど，参加が乏しいといった状況がある。

私は，PTA主催の講座やシンポジウムなどに招かれた際に，この点にふれながら「今日参加していただいた保護者のみなさんの役割は，自分や家庭のあり方を問いながら，わが子とのかかわりを大切にしていくことはもちろんですが，同時に今日来られなかった身近な保護者の方々が，困っておられたり相談する人がいなかったりしたときに，自分のできる範囲で支援をしていただくことです」と，強調するようにしている。

これは教師に対しても同様であるが，学校における教育相談活動について，1つには，保護者が他の保護者や子どもにとって「つながり役」（パートナー）となって支援することであり，2つには，保護者が自分以外の援助資源に，他の保護者や子どもをつなげていく「つなぎ役」（コーディネーター）となって支援することである。

2　保護者同士のピア・サポートの可能性

PTA活動では，保護者同士が教育相談活動の一環として，ピア・サポート活動を展開していく可能性があると考えている。ピアとは，「仲間」を意味する言葉であり，ピア・サポート活動は，「仲間による支援活動」を意味している。

ピア・サポートとは，仲間，同輩による支援活動をさし，移民を多く受け入れているカナダで1970年代に，レイ・カーの指導で始まった。その後，アメリカ，オーストラリアなどの多文化社会で広まり，ヨーロッパやアジアにおいても取組みが始まっている。その対象は，小中学校・高校の子どもたちだけではなく，大学生，地域，会社，高齢者，障害者など，さまざまな分野で活動が

展開されている。なお，学校における具体的な取組みは，ピア・サポーターの組織化，トレーニング，援助計画，援助・相談活動，ふりかえりといった内容で実践が始められている(12)。

　学校におけるピア・サポートは，ソーシャルスキル・トレーニング，構成的グループ・エンカウンター，ブリーフ・セラピー，マイクロカウンセリングなどのプログラムを取り入れながら，トレーニングを受けた子どもたちが，獲得した力を生かしてそれぞれの援助プランを立て，未熟であったとしても工夫しながら仲間への支援活動を展開することを柱としている。

　構成的グループ・エンカウンターのエンカウンターとは「出会い」を意味する。ここでは，本音の交流や親密な人間関係の形成を意味する言葉として使われている。構成的グループ・エンカウンターとは，さまざまなエクササイズ（課題）を遂行しながら，自己開示によって温かな人間関係を形成し，心と心のふれあいを深めるなかで，自己理解，他者理解を進め，自己変容，自己成長をはかろうとするグループ体験である(13)。

　ソーシャルスキルは，コミュニケーション・スキルも包括した「人づきあいの技術」であり，人間関係の体験のなかで学んできた後天的なものととらえられている。また，ソーシャルスキル・トレーニングは，「人と人とのつきあい方を学び，不足している知識を充足し，不適切な言動（非言語的な行動も含めて）を改善し，より社会的に望ましい行動を新たに獲得していく方法」と定義されている(14)。

　ピア・サポートは，「誰かのために何かできれば」という善意のボランティア活動を大切にしている。日本の学校にも，困った時にどうやって助けを求めたらいいのかわからなくて孤立したりパニックに陥る子どもや保護者，逆に何かしてあげたいけれどもどうしていいのかわからなくて立ち止まっている子どもや保護者が少なくない。

　子どもたちにとって，人間関係もソーシャルスキルも形成していく機会が乏しいところに，学校や家庭の抱える課題がある。同時にこうした課題は，保護者自身のなかにもある。「困ったときはお互い様」という子どもや保護者が内

包する善意に依拠しながら、その気持ちがスキルの獲得によって、ささやかであっても機能し、人間関係の形成へと展開していくことを期待している。同時にそれは、教師と子ども、保護者の人間関係の再生にもつながっていくと考えている。

具体的なピア・サポートのトレーニングは、人間関係づくりのためのエクササイズ、話の聴き方、話し方（心をこめた頼み方、断り方）、課題解決、対立の解消、守秘義務とトレーナーへの報告といった内容を中心にプログラム化されている。トレーニングを実施する指導者（教師など）の果たす役割は大きなものがあり、実践活動に対するふりかえりは欠かせない。しかし、子どもたちがピア・サポート活動のなかで成功や失敗を通して学んだソーシャルスキルと培った人間関係は、やがて自分のあり方や生き方の幹になっていくのではないか。

同様に、今後PTA活動のなかで、保護者たちがピア・サポートに関する研修やトレーニングの機会を企画することで、会員の善意を生かしながら、保護者同士の「つながり役」や「つなぎ役」となっていく可能性が広がるのではないか。身近な保護者や子どもたちのために、何かできることがあればという姿勢は、このようなスキルを身につけることで、より実践的に生かされていくと考えている。

【春日井　敏之】

注
（1）　栗原慎二『新しい学校教育相談の在り方と進め方』ほんの森出版，2002年。
（2）　大野精一『学校教育相談－理論化の試み』ほんの森出版，1997年。
（3）　石隈利紀『学校心理学』誠信書房，1999年。
（4）　瀬戸美奈子・石隈利紀「高校におけるチーム援助に関するコーディネーション行動とその能力及び権限の研究──スクールカウンセラー配置校を対象として」日本教育心理学会編『教育心理学研究』50－2，2002年，204-214ページ。
（5）　日本学校教育相談学会刊行図書編集委員会編『学校教育相談学ハンドブック』ほんの森出版，2006年。
（6）　小野田正利『悲鳴をあげる学校』旬報社，2006年。

（7）　土井隆義『非行少年の消滅——個性神話と少年犯罪』信山社，2003年。
（8）　和井田節子『教育相談係どう動きどう楽しむか』ほんの森出版，2005年。
（9）　春日井敏之・山縣桂子・中川美穂子「不安定な思春期女子の事例——不登校に対するチーム会議の取組み」日本学校教育相談学会編『学校教育相談研究』15，2005年，66-72ページ。
（10）　春日井敏之「教育と子育てにおける愛の行方——ピア・サポートの視点から」林信弘編『愛の人間学』高菅出版，2007年，79-109ページ。
（11）　春日井敏之「不登校の多様化・複合化と支援ネットワーク」高垣忠一郎・春日井敏之編『不登校支援ネットワーク』かもがわ出版，2004年，86-95ページ。
（12）　中野武房・日野宜千・森川澄男編『学校でのピア・サポートのすべて』ほんの森出版，2002年。
（13）　國分康孝・片野智治『構成的グループ・エンカウンターの原理と進め方』誠信書房，2001年。
（14）　渡辺弥生『ソーシャル・スキル・トレーニング』日本文化科学社，1996年。

考えてみよう

1．学校に対して，若い保護者からの「苦情」などが増えている背景には，どのような課題が含まれているだろうか。
2．教師が保護者や子どもとの信頼関係を築くために，「聴く」ことの重要性が指摘されているが，何をどのような姿勢で聴けばよいか。
3．学校内外に支援ネットワークをつくっていく際に，コーディネーター役を担う教師（管理職，生徒指導・教育相談担当，養護教諭など）は，何を大切にしていけばよいか。

参考文献

小野田正利『悲鳴をあげる学校』旬報社，2006年。
楠　凡之『いじめと児童虐待の臨床教育学』ミネルヴァ書房，2002年。
高垣忠一郎・春日井敏之編『不登校支援ネットワーク』かもがわ出版，2004年。
都筑　学編『思春期の自己形成——将来への不安の中で』ゆまに書房，2006年。

第8章　学校における教育相談システム

　本章のねらいは，学校における子どもたちに向けた相談活動が効果的に展開されるには，その体制と活動をどのように編み上げていくことが必要かを述べることである。そこで，近年急速にそのニーズの高まりと実態の広がりをみせる教育相談活動の現状にふれながら，そのシステムづくりのあり方を考えることにしたい。

　そこであらかじめ筆者の「教育相談」理解について簡潔に述べることから始めたい。この理解によってはシステムとして構想するものに微妙な違いが生じるように思われるからである。

1　「教育相談」理解と教育相談活動のシステム化

1　「教育相談」理解

　近年，いじめや不登校などによる心理的な困難に見舞われる子どもたちの増加にともなって，そうした子どもたちへの臨床心理相談（いわゆるカウンセリング）が学校における相談活動として取り入れられ，展開されるようになっている。それが全国的に広がる直接のきっかけとなったのは，1996年に文部省（当時）が試験的に実施したスクールカウンセラーの配置であったと思われる。しかも，これはアメリカのように教育相談従事者としての専門的な養成を受けたものではなく，多くは臨床心理士（カウンセラー）の資格を持つ人をそのまま配置したのであった。

　これによって学校における相談活動や相談体制，そして「教育相談」理解自体にいくつかの変化が生みだされたように思われる。その変化には相談活動の充実や発展もみられるが，同時に，ある種の変質や混乱を含んだ変化が生じて

きたように思われる。

その後者のひとつは、スクールカウンセラーの配置をきっかけに、多くの学校では校務分掌の生徒指導部（生活指導部）から相談部門を分離独立させて「教育相談部」を新設することになったが（後述）、こうした相談機能に特化した組織を設置することによって、従来の生活・生徒指導（生活指導と生徒指導は両語が使用されるようになる歴史的経緯からすると意味するところは異なるが、本章では実態的にほぼ同じものをさすものとして一括りにして使用する）がもっていた相談的機能が相談部に移行するかたちになったことである。これによって微妙な2つの変化が生みだされてきているように思われる。

それは、本来、生活・生徒指導においては「指導」と「相談」が一体化していた（いわば規律管理的指導と相談的指導を併せ持ったものであった）のが、両者が分離・分担されるようになって、生活・生徒指導概念にある種のやせ細りが生じてきたことと、もう1つは、その分裂によって、かえって個々の教師のなかに「指導」的対応と「相談」的対応との対立や葛藤が生みだされやすくなったことである。2つは、従来の教育相談がもつ教職員間での「子どもについての共通理解」原則とカウンセリングの「守秘義務」原則との間に対立やズレが生じがちになったことである。3つは、それまで学校内の相談活動のかなりの部分を担っていた養護教諭との関係（連携と役割分担）に若干の混乱を生みだしたことである。

こうした実態が広がるなかで、学校における相談活動のなかに臨床心理学的な技法や考え方が取り込まれるようになり、次第に、従来の「教育相談」概念が臨床心理相談あるいはその影響を受けた相談のあり方に関心の焦点がシフトした「教育相談」概念に変化してきているように思われる。そのためか、最近では、「教育相談」と「スクールカウンセリング」は「通常はほぼ同義であると理解され」、「学校における教育相談を学校教育相談として構成し、これをスクールカウンセリングとそれを推進・組織化する活動との両者を含む」（要約的引用）概念として説明されるようにもなっている[1]。

しかしながら、このような解釈は時期尚早の感がある。今後、教育相談の理

論と実践が臨床心理（カウンセリング）の理論や技法に学んでより豊かになっていくことによって，両者がほぼ同義であると解される状態が得られるかもしれないが，現状のような教育的な指導（生活・生徒指導）と分離した「教育相談」理解や臨床心理的相談が教育相談であるかのように解されている段階では，かえって混乱を生じさせかねないと考える。

　従来，「教育相談」は，主に教師が子どもに対する生活指導や進路指導などの一環として行われていたもので，いわばこれらの指導のなかに不分離に含み込まれていた。クラス担任の学級指導における生徒の個別相談しかり，進路指導における進路相談しかりである。

　ところが近年，「子どもたちの悩みは質的に変化するとともに深刻の度を加え」，困難をかかえる子どもたちの「行動や状態はかつての教育相談に求められた力量を超え」，その対応には「教師のそれまでの経験を超えた新たな力を必要とするようになった」といわれる[2]。その通りであろう。筆者も同じ認識である。しかしながら，かといって，臨床心理相談部門を新たに設ければ，あるいは臨床心理相談に取って代わっていけばいいというものではない。

2　求められる教育相談活動のシステム化

　ところで，先にふれた「指導」的対応と「相談」的対応による対立や葛藤をどうとらえればいいのであろうか。子どもたちが持ち込む問題や問題行動に対してどのような対応をすべきか（「指導」的対応をすべきか，「相談」的対応をすべきか）の判断は，その子のかかえる問題（の内容や背景あるいはその子なりの理由）と問題をかかえる本人の状態（認識や感情あるいは状態像）が理解できてはじめて可能になるものである。したがって，一方的に管理的指導に偏したり，どちらの対応をとるかで迷ったりするのはその子とその子の問題を理解しようとしないか，深く理解できていないことによるのである（その意味では，クライエントの説明に耳を傾け，その人なりの言い分や理由を理解することに努めるカウンセリングの姿勢と方法に，生活・生徒指導や教育相談はおおいに学ぶ必要がある）。

　しかし，個々の教師がこうした生徒理解の姿勢や力量を有するには，単に個々

の教師の努力にのみ委ねるのではなく，それをカバーしあい，相互に高めあう教職員集団の質（集団的力量）が必要である。教育相談システムは，相談活動をシステムとして機能させると同時に，そのような教職員集団の質を生みだすものでもある。その意味では，教育相談システムは，個々の教職員（関係者も含めて）の特性（専門性，経験と力量，個性など）を結び合わせて集団的力量をどう発揮するかが重要であり，また，それを機能させながら教職員や関係者の相互啓発と力量形成を生みだすようなシステムづくりが求められる。

2 教育相談活動の現況

　1996年のスクールカウンセラーの試験的配置以来，筆者はある問題関心から学校における相談活動とその体制について関心をもって観察し，そのあり方を考えてきた。その立ち位置からみた，近年の学校現場における相談活動の実状の一端を紹介し，その問題点と課題を述べる。

　筆者らは，2002年に東京都の公立小・中・高等学校を対象に，学校における相談体制とその活動の実態を把握するためのアンケート調査[3]を行った。その調査から得た相談体制にかかわる実態は次のようであった。

1　相談活動の担当者

　子どもたちの「心理的な問題の相談援助」の担当者については，図8.1のような結果を得た。これをみると，日本の学校の現状では当然の結果であるといえるが，日常の相談活動は主として学級担任と養護教諭によって担われていることがわかる。学級担任を担当者としてあげる学校はいずれの校種もそれぞれ90％前後で，養護教諭をあげる学校は小・中・高とも90％を超えていた。

　学級担任がクラスの子どもたちの第1次相談者であることは，小・中・高校ともクラス担任制をとる日本の学校制度では自然なことであるが，養護教諭がその学校の相談活動の主要な担い手となっていることは，最近でこそ広く知られるようになっているものの，それまであまり一般に認識されてこなかったことである。養護教諭自身，身体上の健康相談だけでなく心の悩み相談を受ける

第8章　学校における教育相談システム

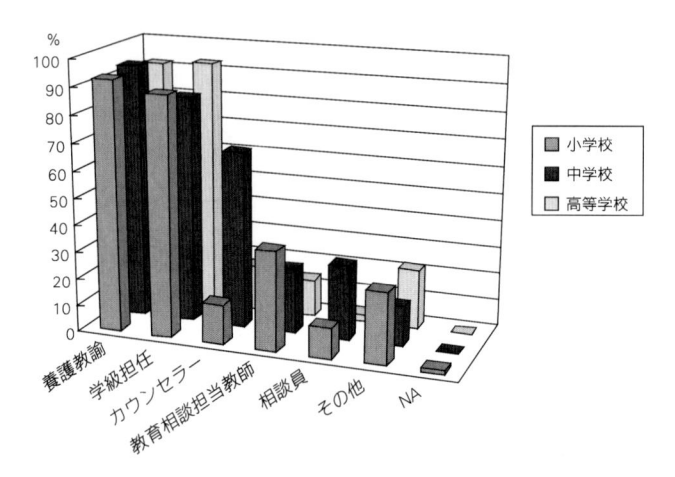

図8.1　相談活動の担当者

ようになったのはそれほど歴史の古いことではない。保健室を訪れる子どもに今日でいうところの心身症的な不調を訴える子が増えてきて，養護教諭がゆっくりと子どもの言い分を聞き，じっくりと様子を観察しながら対応するようになり，また，子どもたちの誰もが入ってこられるような保健室づくりを多くの養護教諭が心がけるようになった1980年代以降のことである（すでに1970年代からそのような保健室づくりをしていた自覚的な養護教諭がいたことは事実であるが）。

　中学校では，ついでカウンセラーをあげる学校が3分の2を超えた。スクールカウンセラーの配置が中学校を重点に進められていることの反映であろう（ちなみに，スクールカウンセラーの配置状況は，小学校=16％，中学校=66.7％，高校=30.7％）。したがって，その後，スクールカウンセラーの配置が進展してきたので，この割合はもう少し高くなっていることが推測される。しかしながら，配置されたとはいえ，多くは週に1日の出校ないしは半日で2回程度の出校であるため，日常的な相談活動の主要な担い手というわけにはいかないのが現状であろう。

　グラフ中の「相談員」とは，「さわやか相談員」「心の教室相談員」などと称した教師以外の相談従事者をさすが，中学校では27％余，小学校では11％強，

高校では3％弱といった程度で，実態的にはそれほど主要な相談活動の担い手になっているとはいえないようである。この種の相談員が各地で置かれ始めたころ（2000年）の筆者のもう1つの調査[4]によると，学校内の位置づけがはっきりせず，また役割もあいまいで，その配置効果を疑問視する声がアンケートやインタビューに答えてくれた養護教諭や一般教師からかなり聞かれた。

2　相談活動の場所

　相談活動を行う場所については，図8.2に示す通り，小・中・高校とも「保健室」をあげる学校が8割を超え，「相談室」は中学校で「保健室」よりも高く（85％），小学校と高校は4割強にとどまった。「教室」も3-6割というところであるから，小・中・高校とも実態的には保健室が主たる相談の場となっていることがわかる。

　じつは保健室は，古くから健康相談という相談機能をもってはいたが，ここ30年余り前まではケガとか身体不調といった明らかな身体症状や理由をもった者でないと入れないのがふつう（用のない者は入ってはいけないところ）であった。このような保健室のままであれば今日のような相談活動の場にはなっていなかったであろうが，前述のように，この20-30年で養護教諭自らが保健室の受容性を意識的に高めてきた経緯があり，授業や友だち関係，家庭の事情などで困

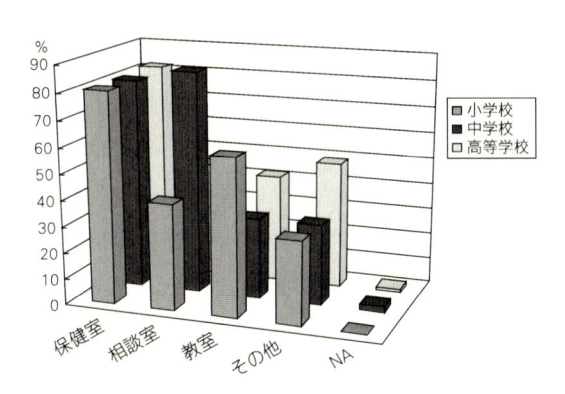

図8.2　相談活動を行う場所

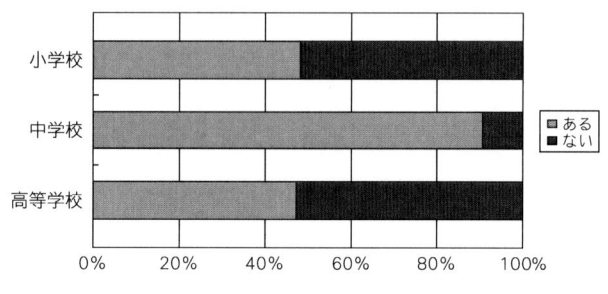

140　第8章　学校における教育相談システム

```
小学校  ├────────────┼──────────┤
中学校  ├──────────────────────┼──┤
高等学校├──────────────┼────────┤
        0%   20%   40%   60%   80%   100%
                                    □ある ■ない
```

図 8.3 相談室の有無

ったことがあるとなんとなく保健室を訪れ，それとなくサインを出したり悩みをうち明けたりする子が増えていったのである。

一方，グラフからは中学校では相談室が相談の場として大きな位置を占めるようになっていることがうかがえる。図8.3にみるように，小学校や高校では相談室の設置率は50％に満たないが，中学校では約90％の学校が設置している。しかしながら，その開室状況をみると，中学校では週に1日が大半 (62％) で，2-4日が10％，毎日開いているのはわずか数％であった。小学校と高校では，開室状況にかなりバラツキがみられた。

3　相談活動のための組織と会議体

相談活動のための組織としては，校務分掌のなかに教育相談部が独立的に設けられていたり，生活指導（生徒指導）部内に設けられた教育相談係として設けられているのが一般的であるが，このように明確に位置づけられた組織をもっている学校は，図8.4に見るように，小・中学校では7割前後，高校ではなぜか少なく，24％であった。現在では，その設置率はもっと向上していることは十分に推測される。

また，その組織の構成員は（図8.5），一般教師はもちろんであるが（小・中・高いずれも88-97％），かなりの学校 (67-82％) では養護教諭が入っている。スクールカウンセラーが入っている学校は，中学と高校で3-4割みられる。

このほか，個々の子どもの問題について話し合う会議（ケース会議，チーム会議，

2 教育相談活動の現況　141

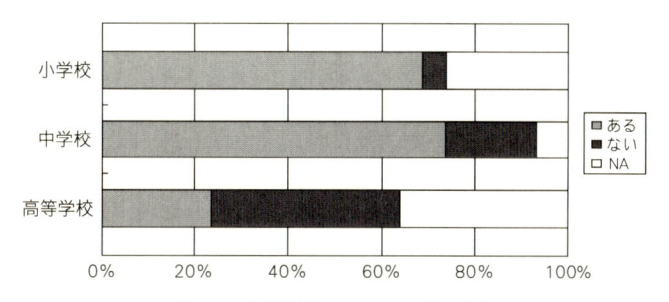

図 8.4　相談活動のための組織の有無

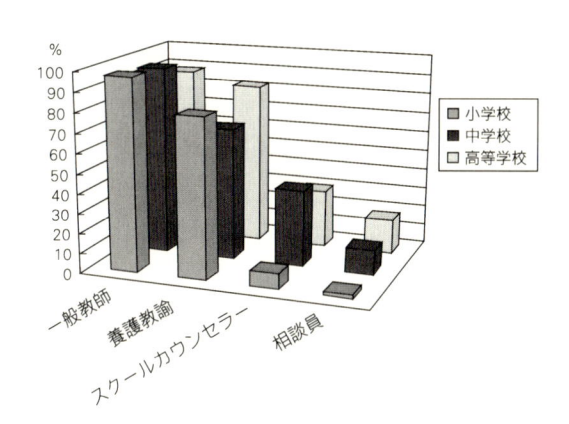

図 8.5　相談活動のための組織の構成員

職員会議など）を開いているかを尋ねたところ，カウンセリング委員会，教育相談サポート委員会，トークルーム委員会，スマイル研究会などと，さまざまな名称で相談援助のための会議体が，小学校ではかなりの高率で設けられているが，学校段階が進むにつれてなぜか少なくなっている（図8.6）。

　その会議の構成をみると（図8.7），小・中・高校ともももっとも多いのは養護教諭である（75-81％）。こうした心理的な困難をかかえる子どもの相談援助には，いまや養護教諭の参加が欠かせないという実態を如実に示している。ついで管理職（60-78％），学級担任（27-62％），教育相談部教師（22-63％）と続いている。中学校ではスクールカウンセラーの参加する学校が5割を超えているのが目立

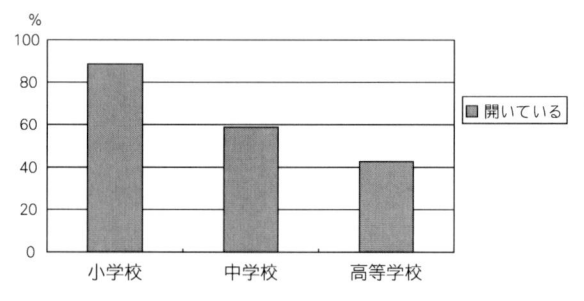

図 8.6 相談援助のための会議

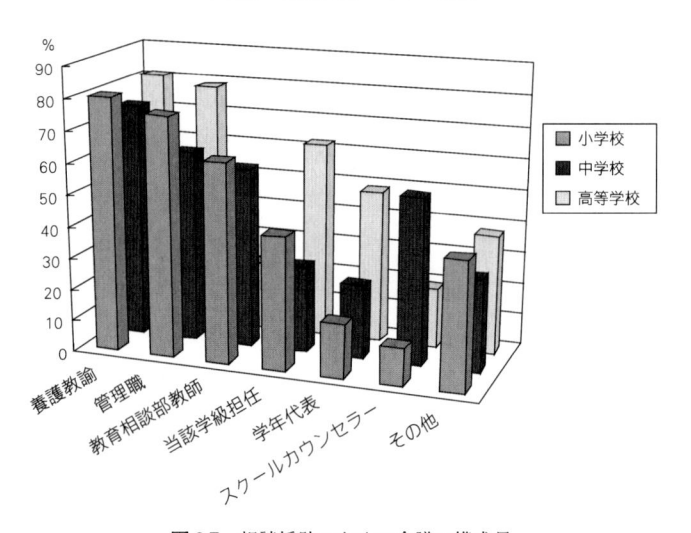

図 8.7 相談援助のための会議の構成員

っているが，全体としては少ない。スクールカウンセラーの週1－2回の出校状態では，こうした日常的な活動に折り込まれる会議に常態的に参加することは，手当や勤務時間などの関係で困難であることがその理由ではないかと推測される。こうした会議の場で困難をかかえる子どもの状態像についての専門的な理解を深めることはとても重要なことであるが，現状ではこの点でのスクールカウンセラーの専門性が十分に生かされていないといわざるをえない。

4 養護教諭とスクールカウンセラーの連携

相談活動の実態から,日常の相談活動における養護教諭と保健室の役割がかなり大きな位置を占めることがうかがえたが,それだけに新しく配置されたスクールカウンセラーとの連携や相談活動における相談室と保健室の利用の仕方などがどうなっているかが気になるところである。同調査では,養護教諭とスクールカウンセラーの連携と相談室と保健室の利用状況について尋ねている。

両者の相談活動における連携は,いずれの学校段階もかなり良好な状態であることが図8.8からうかがえる。この調査からはその連携の内実はつかめなかったが,養護教諭が保健室登校の子や頻回に保健室を訪れる子などへの相談にあたる機会が多いので,臨床心理の専門家であるスクールカウンセラーとの連携はきわめて重要である。実際の活動を通してその連携のかたちをつくっていくことが今後の課題であろう。

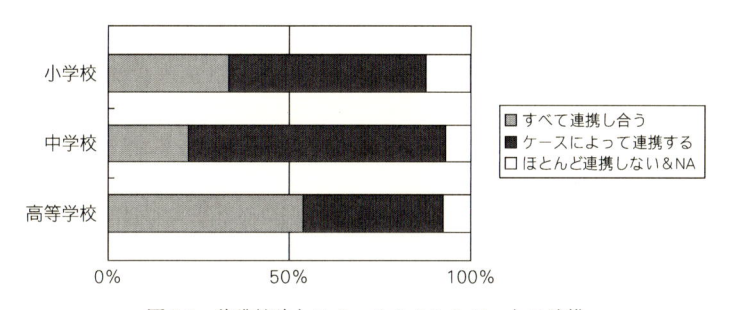

図8.8 養護教諭とスクールカウンセラーとの連携

また,相談室と保健室では相談活動にどちらが多く利用されているかという質問に対し,図8.9のような結果が得られた。相談室が相談活動に主に利用されることは当然なことであるが,保健室も相談活動の場としてかなり利用度が高いことがわかった。とくに中学校や高校では,むしろ保健室が主要な相談の場となっていることがうかがえる。

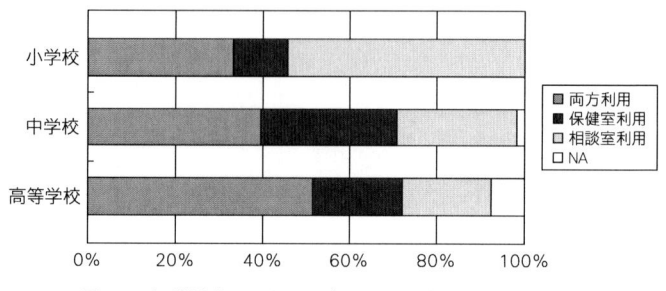

図8.9 相談活動にどちらが多く利用されているか

3 教育相談システムのあり方

前節で紹介したような実態をふまえて，学校における教育相談活動のあり方にかかわっていくつかの要点を述べることにしたい。

1 相談活動のシステム化

学校における相談活動は，それが教育相談の一環として行われるかぎり，すべての教職員によってそれぞれの場で，それぞれの機会に担われるものである。それだけに個々の相談活動のありようは多様である。そのため，個々の教職員によって，また個々の相談ケースによって個別に進められがちになり，関係する周囲との連携がないと相談援助の活動自体が孤立し，問題への対応が難しくなることがある。子どものもつ問題が困難な様相を呈していたり，その子の状態像が重い場合には，ことさら連携が重要である。このような連携が学校内で柔軟に生みだされ有機的につながり合っていれば，個々に生起する相談活動上の困難を職場の組織的・集団的な力量で乗り越えていくことができる。相談活動のシステム化が必要とされるゆえんである。

システムとは，各部が関連づけられながら全体として合目的的に機能するように体系化されたものであるとするならば，教育相談システムとは，学校（各教職員や部署）のもつ相談機能が相互に関連づけられながら編み上げられたもの

ということができ，学校内の相談活動にかかわる人やパートが（時には学校外の人や専門機関とも）相互に連携しながら相談機能が全体として有効に発揮されるように編成された体制ということになる。こうした体制が学校のなかにどのように編み上げられるべきか，その要点をいくつか述べることにしたい。

2 相談システムづくりの要点
(1) 学校の実情（教職員・保護者・地域の情況）に合ったシステムづくりを

まず最初に確認しておくべきことは，教育相談システムに定型はない，ということである。それぞれの学校には，それぞれに合ったシステムを固有につくり上げていく必要がある。筆者たちの調査においても，学校全体で組織的・有機的に相談活動に取り組んでいる先進的な事例は，いずれもその学校なりの独自の体制を編み上げていた[7]。それは，ある定まったかたちを先につくって取り組んだというよりも，活動を通してその活動に必要な連携や体制を，むしろ試行錯誤しながら編み上げていったという感が強い。不登校やいじめなど，子どもたちの深刻な心理的困難をともなった問題が急激に増加し，カウンセラーや臨床心理的な知識と技法が導入されるようになったという，教育相談分野にとって新しい経験を積み重ねている時期であるという事情も加味しなければならないが，少なくとも現段階では「定型はない」と考えるのが妥当であろう。そして，その学校の規模，個々の教職員の経験と力量，保護者の理解や要望，地域の社会資源 (social resources) の存在，そしてそれらとの連携や協力あるいは活用の可能性，などの条件に応じてその学校なりの連携と体制をつくっていくことが重要である。

(2) システムづくりの核になる組織を

活動を1つのシステムとして編み上げていくためには，その編み上げの核になる組織が必要である。その組織は，その学校の個々の相談ニーズに応えて相談活動を実際に推進していく機関車役を果たすと同時に，常に学校全体の相談活動を見渡しながら必要な連携を生みだしたり，学校全体としての教育相談力量を高めるための研修や条件整備に取り組んだりと，教育相談活動のための体

制づくりと土壌づくりに取り組む必要がある。

　現状では，多くの場合，その組織は校務分掌のなかに近年新たに設けられた「教育相談部」あるいは生徒指導（生活指導）部内におかれた「教育相談係」がその任にあたっている学校が多い。しかしながら，その組織の実態はさまざまで，筆者が2000年にその実態についてアンケート調査とインタビュー調査（埼玉・神奈川・長野の各県の一部の公立小・中・高等学校対象）を通して知りえた範囲では，スクールカウンセラーの配置が決まったので，活動の実態のないままにとりあえず分掌のなかに係や部を設けたという学校も少なくなかった。こうした学校では，その後の活動を通してその体制と活動の質が改善されていったであろうことを期待するが，2002年に行った調査（東京都内の公立小・中・高等学校対象）では，「組織はあることはあるが，機能していないのも事実である」といった回答が散見されたことも事実である。

　ただ，こうしたある種の専門的部門の設置は，第1節でふれたように，生徒指導部から教育相談部を独立させることによって，指導と相談の役割分担による両者の「切り離し」が生じがちである点に十分に留意する必要がある。

(3) キーパーソンの存在が欠かせない

　こうした活動の中核となる組織の必要性もさることながら，システムづくりとシステム運営のための職場におけるキーパーソンの存在も欠かせない。前出の2002年の調査では，学校全体で組織的に相談活動に取り組んでかなりの成果と社会的評価を得ている事例3校について，その取組みの中心的役割を果たした教師へのインタビュー調査を行ったが，その調査を通して得た重要な知見のひとつが，このキーパーソンの存在と役割の重要さであった。ここでいうキーパーソンとは，教職員間の連携や地域の専門家・専門機関との必要な連携をコーディネートし，学校内の相談活動の組織化や計画化の牽引車となる存在である。この3校の取組みには，それぞれにその役割を果たす教師がいてその学校なりの教育相談システムの構築に重要な役割を果たしていた。

　このキーパーソンになりうる教師は，その職種や身分を特定しないようである。事例の3校は，公立の小学校，中学校，私立の中・高一貫校であったが，

そのキーパーソンは，それぞれ，学級担任，不登校加配の教員，養護教諭であった。しかし，いずれもその教師たちは，一定の長さの教職歴をもつ（ベテランの域に達した）教師であり，取組みを通して職場の信頼を得るとともに，必要な地域の専門機関とも積極的にネットワーキングする姿勢と力量をもった人たちであった。その意味では，それなりの経験と力量を有している，あるいはその取組みを通してそれを形成していける人であることが求められる。

(4) 必要な連携がいかに生みだせるかが鍵

職場に中核となる組織があり，経験と力量のあるキーパーソンがいたとしても，実際の相談活動において事例に即して必要な連携がとられなければ活動は成功的には進まない。ことに問題事例が複雑あるいは深刻であったり，その子の状態像が重ければ重いほど周囲との連携は不可欠である。これには，一般的には，少なくとも次の3種の連携がそれぞれに重要である。

前節でみた学校現場の実態からすれば，まずは学級担任と養護教諭との連携があげられる。現状では，保健室での養護教諭の子どもへのかかわりを通して相談事例が発生する場合が少なくないし，学級担任の方からクラスの気になる子や困難に当面している子についての相談が持ちかけられる場合もある。この連携は，当の子どもにとっても学級担任にとってもかなり重要な意味をもつことが多い。子どもにとっては，保健室は自分の辛さを受けとめ親身に対応してくれる場であり，安心していられる場でもある。

そのため，その子が教室で見せる顔（様子）と保健室で見せる顔（時には話す内容）が異なることがよくあり，学級担任と養護教諭の間での情報交換はその子とその子の問題理解にとって欠かせない。この連携では，実際の相談事例において，子どもの側から保健室に持ち込まれた相談内容がその学級担任のクラス運営や言動がかかわっている場合は，デリケートで慎重な連携が必要になる。また，保健室登校のように主に保健室で相談援助を続ける場合の，いわゆる「あずけっぱなし」を防ぐためにも重要である。

2つめは，保護者との連携である。これは言わずもがなというところであるが，とくに子どもの状態像が重い場合やその子の当面する困難になんらかのか

たちで家庭の事情が影を落としている場合は，その子の問題解決と自立にむけての援助にとって保護者との連携は欠かせない。子どもの状態像についての保護者の理解が十分でないときや家族の問題が絡んでいるか，保護者の学校への信頼が得られていない場合は，連携すること自体が難しくなる。その場合は，保護者の問題理解を促したり，学校への信頼を回復するようなはたらきかけを優先して，まずは連携づくりに取り組む必要がある。また保護者自身が子どもの問題に不安や動揺をきたしている場合やネグレクトに近い状態が認められる場合は，連携というよりも精神的サポートやなんらかの援助が必要である。

　3つめは，相談事例にかかわる必要な専門家や専門機関との連携である。カウンセラーや学校医，時にはその子の主治医やかかりつけの医療機関などからの専門的な診断や助言，場合によっては情報交換や相互補完的連携などがなされれば，相談援助活動はおおいに助かる。しかしながら，学校で相談活動に取り組む教師たちから聞くところによると，外部の専門機関とのこのような連携はけっして容易ではない。ことに最近の個人情報保護法の成立以降は，ケースについての情報交換はきわめて困難になっている。それを補うには，地域の専門家と学校側の相談担当教師との日ごろからの個人的な信頼関係の構築が必要であろう。また，教育相談部としては，地域に相談活動のなかで活用できるソーシャルリソース（専門家や専門機関）がどこにどのように在るのかをつかんで，活動を通してネットワーキングすることも必要である。

　以上が相談活動における一般的な連携の内実であるが，これらの連携のなかでも，日常的な活動においては，学級担任・養護教諭・保護者による連携のトライアングルが連携の要になっていることが多い。加えて，次項で触れるスクールカウンセラーがその学校で十分に位置づき，機能している場合はこのトライアングルにもう1つのアングルが加わることになる。これらの連携が日常的に有効に機能している学校は，相談活動のシステム構築はそれほど困難ではないとみてよい。

(5) スクールカウンセラーの位置づけと役割を明確に

　1996年の文部省（現文部科学省）の措置以降，公立学校では中学校を中心にス

クールカウンセラーを非常勤で配置する学校が増えてきた。臨床心理相談の専門家であるスクールカウンセラーの来校は、学校における相談活動の厚みを増すことに大きく貢献しうるので、今日のように子どもたちの心理的な困難が深刻化し、その困難に見舞われる子どもたちも増加している現状では、おおいに歓迎すべきことである。

　しかしながら、現状では学校におけるその位置づけと役割が必ずしも明確でなく、その活動の仕方もカウンセラーによってまちまちのようである。スクールカウンセリング自体が経験も浅く、理論的にも、また養成制度も十分に整っていない現段階ではやむをえないことであり、それぞれの学校における経験を積み重ね、経験を交流しあいながら明確化していく必要がある。そのためには、それぞれの学校において、その学校の教育相談体制における位置づけを明確にし、相談活動における役割どころをはっきりさせるような話し合いがぜひ必要である。筆者らの調査によれば、スクールカウンセラーが各地の学校で置かれ始めたころ、「年度末に校長が突然に（教育委員会から）その配置を受けてきて、よくわからないままカウンセラーさんが来校するようになった」といったケースが少なくなかっただけに、改善が望まれる。

　その役割については、筆者は、スクールカウンセラーが置かれ始めた当初、「一般教師や養護教諭へのコンサルテーションとスーパービジョンの提供を主とし、ケースによっては生徒への直接的なカウンセリングを実施するといった役割ど

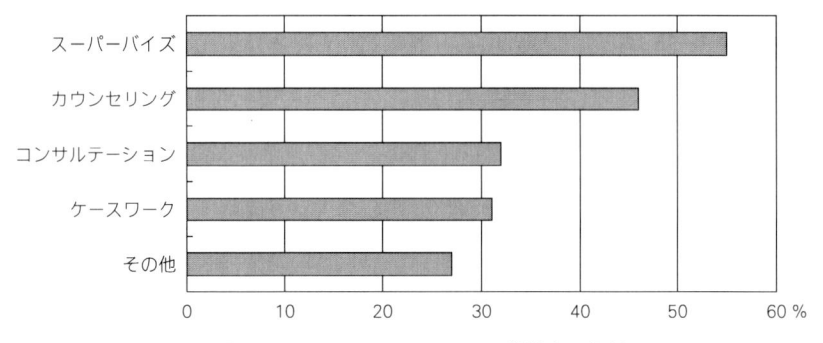

図8.10　スクールカウンセラーに期待する役割

ころが日本の実態に合っている」ことを指摘したが[8]，その後の養護教諭対象調査においても，図8.10のように同じような役割が期待されている[9]。

(6) 困難なケースについてのチーム会議・ケース会議が鍵

最後に，相談活動の職場における組織的な取組みを効果的に進め，かつ相談活動における教職員の集団的な力量を高めるうえでもっとも重要な点をあげておきたい。それは，とくに困難な様相を呈している相談事例や状態像の重いケースについて，その子への相談援助に関係する（あるいはそれが必要だと判断される）教職員によって相談援助チームをつくり，その人たちによるチーム会議を定例的にあるいは必要に応じて開くことである。あるいは，職場の規模が比較的小さい場合には，教職員全体でケース会議あるいは事例検討会などを積み重ねることである。これによって，チームのなかであるいは職場で子どものもつ問題についての共通理解が得られ，それぞれの役割どころによる連携した活動が可能になる。またこうした会議の積み重ねによって，職場全体の子ども理解が深められ，経験が交流されて全体的な力量の向上がはかれる。さらに，この会議にスクールカウンセラーや他の専門家が参加することによって，その効果がいっそう増すことになる。

この種の会議で重要なことは，当の子どもを多面的にかつ深く理解できるように，多角度からその子を支援できるような顔ぶれでチームや会議を編成することと，実際の会議では「その子の学級担任を責めることになるような話し合いをしない」ことを鉄則にすることである。多くの場合，その担任自身も困惑したり，ともすれば自責の念に駆られがちになるので，話し合いは逆効果になったり，長続きしなくなるからである。

以上，日本の学校における相談活動の現状の一端とそのあり方について述べてきたが，つまるところ，教育相談システムが有効に機能するか否か（その学校の相談機能のキャパシティー）は，教職員集団の子ども理解と連携の質に規定されるということができる。同時にそれらは，教職員の集団的（教育）力量を成す重要な要素でもある。そのためには，先にもふれたように，チーム会議や

ケース会議のような集団的な事例検討の積み重ねによって，子ども理解と相談的対応の姿勢とノウハウが体験的に積み重なり，職場に広がることが重要である。また，それをより効果的なものにするために，カウンセリング・相談活動の考え方や技法についての研修（職場研修や校外研修）も欠かせないことを，再度確認しておきたい。
【藤田　和也】

注
（1）　大野精一「スクールカウンセリングと教育相談の異同」『スクールカウンセリング事典』東京書籍，1997年。
（2）　広木克行「不登校問題から見た『新しい教育相談』とその担い手」『臨床教育学序説』柏書房，2002年。
（3）　労軼琛・藤田和也「学校における心理的な相談援助活動のあり方」『日本教育保健研究会年報』No.11，2003年。
（4）　藤田和也「スクールカウンセラー・『相談員』配置の効果を検証する」『教育』2000年10月，国土社。
（5）　藤田和也『アメリカの学校保健とスクールナース』大修館書店，1995年。
（6）　詳しくは藤田和也「養護教諭と学校カウンセリング」『教育』1997年2月号を参照されたい。
（7）　注(3)
（8）　藤田和也「養護教諭と学校カウンセリング」『教育』1997年2月，国土社。
（9）　注(4)

考えてみよう
1．生活指導・教育相談・スクールカウンセリングの3者の異同について整理してみよう。
2．相談活動には関係者同士の連携が欠かせない。どういう連携が効果的かをまとめよう。
3．学校での教職員によるケースカンファレンス（ケース会議）の意義と進め方の要点をあげよう。

参考文献
高野清純他編『学校教育相談カウンセリング事典』教育出版，1994年。
国分康孝監修『スクールカウンセリング事典』東京書籍，1997年。
田中孝彦他編『臨床教育学序説』柏書房，2002年。

第9章 教育相談活動における地域諸機関との連携

1 地域諸機関との連携が求められる背景

　学校における教育相談活動における地域諸機関との連携という問題は，以前にも増して重要になってきている。その理由の第1はなによりも子どもの問題の多様さと深刻さによって，教師の専門性だけでは対応が難しくなってきているということがある。第2は教育相談的支援の効果をあげるためには学校・教師のみの支援よりも関連の専門家との連携が有効になるという経験的認識が生まれてきているということであろう。

　もちろん連携といっても，問題によって学校の内部だけの連携で問題解決ができるのであれば，あえて外部との連携の必要はない。柘植雅義は「教師は専門機関とどう連携するか」[(1)]という論文のなかで「(a) 教師一人で行える場合，(b) 学校として組織的な対応が求められる場合，そして (c) 校外の専門家や機関と連携した対応が求められる場合と3段階に分けて考えてはどうか」と指摘している。この指摘はその通りであろう。

　筆者が所属する大学院は社会人を対象とした夜間の大学院であるため，学校現場の教師が多く入学してきている。こうした教師院生から語られるリアルな学校現場での子どもの様相からも，教師のこれまでの相談のノウハウでは解決が難しいケースが増えてきていることがわかる。また筆者の相談ケースにおいても教師だけの対応が困難なケースが最近増えてきている。したがって教師はなによりもまず教師としてできる子どものアセスメントを行い，そのうえで連携のあり方を考えていかなければならない。そこでここでは今日の学校がかかえている児童・生徒の心身の様相を問題別にいくつかに分けてその実態を鳥瞰

するところから本題に入りたいと思う。

1　不登校の多様化と専門機関との連携

　まず不登校問題である。かつて不登校は神経症的症状を示す比較的軽度の不登校がその大部分であったが，このところ多様でしかも重度の精神症状を現す不登校の児童・生徒が多くなってきている。心の内部に攻撃性を根深く潜ませている不登校の小学生が，教師の家庭訪問に対して，一言でキレてしまい攻撃性をあらわにするという事例もある。また地域ではなんの変わりもなく遊び回る生活をしていても，登校する気配はまったくなく，いかなる教師の対応にもなしのつぶてで無視を決め込んでいる不登校の中学生たち。さらには不登校が始まってから長期化しているケースのなかに，2次的症状としてリストカットがみられたり，脅迫行動や鬱症状が現れたり，摂食障害がみられたりする中・高校生も多く報告されるようになってきている。

　こうした最近の不登校事情の多様化や深刻さをみると，これまでの教師の校内完結型の教育相談では対応できない状況となってきていて，地域の専門諸機関との連携なしには相談そのものが進展しなくなってきている。

2　いじめ問題の複雑化と専門機関との連携

　いじめ問題は数量的には減少し，表向き収まっている気配はあるが，教師から見えない陰の部分で，子どもたちは巧妙にまた果敢にいじめ行為を行っている。いじめに傷ついた子どもの訴えで，親が教師に連絡したところベテラン教師でもまったく気づかず，慌てて教師がいじめ加害生徒に事実の確認と指導を始めたところ，加害生徒の親が登場してきて事態は収拾がつかず，両者の親による代理戦争の様相となり，当該の教師は打つ手を失って苦悩していたところ，被害児の親は，問題を教育委員会に持ち込んでしまった。こうした状況になっては，もはや担任教師の対応や，学校だけの教育相談では問題解決ができなくなっている。地域や外部の専門機関との連携で対応する新たな相談体制の構築こそが求められているのである。

3　発達障害と専門機関との連携

　教育現場で教師が苦悩している問題に発達障害の子どもの問題がある。こうした子どもは独特なかかわり方をしてきたり，行動にアンバランスな面があったり，また能力的にも一方では優れた面をもっていても，もう一方ではきわめて劣っていたりして，こうした子どもに対する教師の対応は難しく，そうした事例が教育相談の場に持ち込まれると，当然のことながら教師は対応せざるをえない。いまや教師にはこうした子どもたちの特徴，特性を理解し，対応するための最低限の専門性が求められている。それだけに地域専門機関との連携は不可欠な状況となってきている。

4　非行問題と専門機関との連携

　非行問題もまた現場がかかえる大きな問題である。いまや非行は小学生で増加傾向にあり，中・高校は横ばいながら減少傾向にあるという。しかし万引きは日常的ともいわれ，規範意識の低い子どもの問題も浮き彫りになっている。加えて指導歴のない生徒が突如としてキレて他人を傷つける少年犯罪も発生し，かかえるストレスの大きさや心の問題の根深さを感じさせる。非行は校外の補導機関や，警察などと深くかかわる問題であるので，教育相談は必然的に地域諸機関と情報交換をしなければ，効果は上がらない。とりわけ薬物問題などはそうしなければ解決はほとんど難しい。

　以上いくつかの児童・生徒の問題行動の多様さと深刻さを見てきたのであるが，こうした問題の広がりのなかで，もはや学校は地域諸機関との連携を視野に入れて問題解決に当たる勇気をこそもつべきではないかと思われる。すでに見てきたように，もはや今日の教育相談はこれまでのように学校内の教師の力量だけでは，太刀打ちできない難しい事例が多くなってきている。したがって，積極的に外部専門機関と連携を模索する新たな教育相談のあり方が必要になってきている。

5　連携のモデルとしての学園

　筆者は12年前から兵庫県が全国に先駆けて設立した，10代後半の不登校生支援のフリースクール「兵庫県立神出学園」に身をおいて，スタッフとともに不登校生支援にあたっている。この学園は学校教育法の適用外の支援施設であるため，学園生の心身の状況やニーズを重視して，かなり自由な運営を行っている。またそうしなければこうした重い不登校生支援は効果があがらない。いじめの深いトラウマをかかえている子ども，うつ状態で希死念慮に襲われている子ども，発達障害をかかえている子ども，親子関係の辛さからリストカットに向かってしまう子どもなど，さまざまな2次症状に悩む子どもたちが寮で宿泊をしながら自分探しの日々を送っている。非行的な行動以外はなんでもありというこの施設での子どもたちの支援は外部専門機関との連携やコラボレーションは当たり前になっている。

　もともとこの学園は創立段階からスタッフ構成に配慮して，心理カウンセラー，精神科医（非常勤），教員，保健師，メンタルフレンド，栄養士等を配置している。したがってこの学園の子ども支援そのものは，もはや日常的に専門家との連携のかたちになっている。したがってこの学園に限っては，スタッフはそれぞれの職種の専門家で構成されているので，よほどのことがないかぎり外部専門機関との連携の必要はない。ただ入園してくる子どもが入園前までかかわっていた精神科医やカウンセラー，親の会，教員，ソーシャルワーカーなどとの連携は必要になるので，常に連絡をとって支援に役立てている。この学園の週1回のカンファレンスはそれぞれの専門の英知を出し合っての協働のカンファレンスになっている。

　このように見てくると学校も教育相談の子ども支援にあたって，当該の子どもの心身の状況に関する見立てを可能なかぎり行い，学校の力では対応が難しい事例については，親の同意を得たうえで，外部専門機関と積極的に連携することを躊躇してはならない。それがなによりも子ども支援に有効だからである。

2 地域の専門的諸機関との連携に消極的な学校の問題

　筆者はこれまで多くの相談事例にかかわってきた。そうした相談事例のなかで不思議に思ったことは、親や生徒自身からの相談は圧倒的に多いが、学校や教師からの相談はきわめて少ないということであった。このことはどういうことなのであろうか。ひとつの結論は「学校や教師が外部への相談に消極的である」[2]ということであった。この点について多くの現場教師に聞いてみると、いろいろなことがわかってきた。ここでそのいくつかについて考察しておきたい。

1　学校のもつ閉鎖性

　日本の学校は従来とも、学校のなかで起こる子どものネガティブな問題については外に出さないで、学校の内部で解決しようとする傾向が強かった。いじめ問題、非行問題、不登校問題についても実態や関係資料を開示する学校は希であった。PTAや親に対してさえも秘密にする傾向が強い。筆者がたまたま心の通じあった中学校教師に出会ったとき、その教師の勤務校での不登校の人数を尋ねたとき、その教師は秘密であるということを断ったうえで、密かにその数を話してくれた。筆者はこうした場面にしばしば遭遇する。

　学校がこうしたいわば秘密主義をとるには、どんな背景があるのであろうか。その第1はその学校の教育のすべてを、その学校の教師の責任としてとらえているので、児童・生徒に何かが起こると、大なり小なりそれは自分たちの教育の結果であるととらえてしまうという自己責任主義があるからではないかと思われる。したがって児童・生徒が問題行動を起こした場合、それが外部に知られると、外からその学校の教育が問われ、評価が下がることになる。したがって教師の力量では対応しきれない問題であっても内部で処理しようとする。とくに管理職にはこの傾向が強いといわれる。

　今日の児童・生徒の問題を見つめてみるとき、それは学校や教師の責任というよりも、家庭や社会の問題を複雑に反映して起こっているのであって、けっ

して学校だけの責任ではない。そうだとすれば学校はそうした問題を親や地域にも率直に訴えて，地域の専門機関やさまざまな人的資源にも依拠して，ともに解決を志すことこそ抜本的な問題解決につながるのではないか。

かつて校内暴力が激しかったころ，東京のある中学校では，教師があらゆる手を打っても，問題が沈静化せず，それどころか教師が学校のなかでがんばればがんばるほど，事態は深刻化していった。そうした状況のなかで，こころある父親たちが学校と話し合い，専門家の助言もあって「親父の会」がつくられ，父親たちが校内パトロールを始めることで，ようやく事態が収まっていったのである。外部の力を借りることの重要さをこの事例は語っている。

2　学校や教師のプライド

学校が外部の力を借りて連携することに消極的なもう1つの背景は，学校や教師のもついわばプライドとでもいうものがネックになっているのではないか。日本の学校は長い歴史のなかで，学校が地域の文化センターであり，「知」のセンター的役割を果たしてきた。したがってそこに勤める教師もまた，寺の僧と同様地域からは一目おかれる存在として自他共に認めてきていた。そうした長い歴史のなかで教師は良い意味でも悪い意味でもそれなりのプライドが身につき，弱音は吐かない，指示しても指示されることを好まない人格として身についていった。今日こうした傾向は薄らいではきたが，底流にはこうした考えと行動が存在していることも事実であろう。

こうしたものの見方，行動の仕方に立てば，教師は「教える」という自己の専門性からしても，外部専門機関の力を借りて問題解決をはかることにはどうしても消極的になるのであろう。筆者の所属する夜間大学院に通学してくる教師たちは，毎年修了の集いの前後に2年間の院での学習と研究の総括をするのであるが，そのなかで「いままで，教師として外から学ぶことはあまりなかった。この院にきて教師の殻を取り払ってはじめて素直に多職種から学び，ありのまま自分をさらけ出して相談したり，意見を求めたりできた。学校の職場もこうならなければいけない。みんなプライドの塊のようにみえて，本音を出せ

ない」[(3)]。

相談や外部の力を借りることに消極的な教師の傾向は，この事例によく表れている。

3 連携を始める前に学校が押さえておくべきこと

1　外部専門機関への相談・連携はステップを踏んで

学校で子どもの問題について最初に気づくのは，担任または養護教諭などの場合が多い。態度や行動が気になる，言動がおかしい，トラブルをよく起こすなどなど。こうした子どもに遭遇したときまず担任としてどのように対処していくかが重要である。筆者は以下の手順で担任が慎重に判断していくことが大切であると考える。

第1は，気になる子どもの言動などについて即断することを避けて，まず事実をありのまま記録していくことである。もちろん危機対応しなければならない事態については，その場で適切な緊急対応をしなければならないことは言うまでもない。そうでないかぎりはその状況を詳しく記録することである。とりわけそこに居合わせた子どもたちと問題を起こした本人とのやりとりや関係性，力動についても記録しておくことを忘れてはならない。それはなぜかといえば，問題を起こした子どもの背景を分析したり，対応を考えたりアセスメントする場合に重要な資料となるからである。

第2は，そうした子どもの問題や行動について担任としての一定のアセスメントを試み，担任1人で対処が可能なのかどうかを検討する必要がある。そのうえで担任として十分対応が可能であれば，あえて校内の然るべき会議や外部専門機関に相談する必要はないであろう。しかしいささか不安があれば，次のステップに進む必要がある。それは学年または校内の然るべき会議に問題を提出して，対応を検討する段階である。ここで校内の知恵を借りて問題解決ができそうであれば，校外の専門機関に相談連携する必要はないであろう。

第3は，以上の2つの段階でも対応が難しい，または困難という判断がなされた段階で，はじめて外部専門機関と連携する段階に入るのである。この点に

ついては柘植雅義が「教師は専門機関とどう連携するか」[4]という論文のなかで指摘している。

　もちろんどういう機関に相談するかは，管理職とも十分な打ち合わせをして進める必要があろう。この点についてよく学校で見られる傾向に，学校が問題をかかえ込み，外部に出さないで対処しようとする点がある。これは子どものためにもけっして良い判断とも思えない。

2　外部専門機関との連携は学校構成員の合意で進める

　学校がなんらかの問題について外部の専門機関の力を必要と考えた場合，担当の教師がただちに専門機関と直接連絡をとることは慎まなければならない。それはなぜかといえば教師は組織のひとりとして，子どもの教育に責任を負っているのであって，教師ひとりのいわば独断で子どもの教育にあたっているのではない。校長を含めた担任や校内の然るべき機関の合意があって進められるべきである。外部の機関の側にとっても，責任をもって安心して対応することができる。その点では校内に，外部に相談するか否かの検討を行う小委員会（校長を含む）が常設されていることが望ましい。今日のように支援を必要とする子どもが増えてきている状況下にあっては，こうした小委員会を常設しておくことは学校として不可欠であろう。

　次に仮に小委員会が外部専門家への相談について合意したとして，もう1つ大切なことは，当該の子どもの親または保護者の了解を取り付けることである。これがないとあとあとトラブルのもとになりかねない。とくに親には十分な説明を行い，学校が親と協力して秘密を保持し，ともに子どものために努力する姿勢を示すことが大切であろう。

　外部との相談については，学校として担当者を決めてその担当者を通して連携を進めるルールを確立しておく必要がある。柘植はこの役をコーディネーター的役としている。

4 家庭の養育力の低下と福祉機関との連携

　家庭の養育力が低下したといわれてすでに久しい。さまざまな子どもたちの問題の背景に親や家族の問題が多く指摘されている。子どもが育つ基盤である家庭が揺らいでいれば，子どもの安定した成長・発達は難しい。児童虐待は典型的にそのことを示している。乳幼児期から親に愛されず暴力・ネグレクトなどのなかにおかれた子どもは，心身に深い傷を負ったまま学校にやってくる。そうなれば学校生活は不安定そのものになる。こうした子どもは，その後の人生を狂わせていく。いまやこうした子どもの問題に学校が苦慮しているのである。

　ここではますます増加する児童虐待を例に学校と専門の福祉機関との連携について具体的に考えてみたい。2002年に神戸で開催された「子どもの虐待防止研究会第7回学術集会」において，筆者は「児童虐待における教育機関との連携」という分科会を担当した。このなかで広島の小学校教師と神戸の養護学校教師の2人が報告をし，活発なディスカッションがなされた。なかでも学校の虐待問題についての姿勢は「学校は連携に前向きではない，それでも児童相談所とは比較的連携があるようだが，地域の保健所との連携はほとんどない，保健所は地域の小回りのきく機関であるのに……」[5]という保健師の発言は象徴的であった。

1　連携が十分に機能しなかった事例

　この事例はある私的な研究会で話されたものである。小学校3年生の男児の学校での行動が不安定で，教室では落ち着かず，この若い女教師はどうしたらいいかわからず連日悩んでしまい，思いきって隣の同僚に相談した。そこで話された男児の学校での様子は，およそ以下のようなものであった。

　朝登校したと思ったら，教室で何かが起きるという。学級の仲間とのトラブルが絶えないのである。乱暴で攻撃的な言葉が多く，それについて学級の仲間が反応して言い返すと手足を出して向かってくる。勉強中先生が静かにしなさ

いというと，筆箱を投げたり，教科書を床に落としたりして，素直に聞いてくれない。

　こうしたことが度重なり親に連絡すると父親が「家ではそんなことはまったくない，先生の教え方がおかしい」と逆に反論してくる。そこでこの教師は同僚の勧めもあって，家庭訪問することとした。この訪問でわかったことは，①母親は離婚した後再婚し，この子にとっての義父と3人暮らしであること，②義父はこの男児に厳しく体罰が日常的であること，③家庭では義父が怖いので男児は黙っていることが多く，母親はかわいそうだと思っても夫には何もいえないという。以上の点が明らかになり，この子は家庭のなかでは，いわば虐待的躾けをされて心の安定が得られず生活していて，その反動が学校に持ち込まれて，教室で荒れているということが推測できたという。

　この子の担任は同僚の教師に相談し，いろいろ話し合った結果，この子の実母，義父の家庭生活が問題で，ここに何等かの手を打たないとこの子の学校生活の問題は収まらないのではと判断して，校長にその旨相談した。校長は担任として何回でも家庭訪問して親を説得すべきだという。その後3回この担任は家庭訪問でこの子への対応を話したのであるが，義父の頑固な考えはまったく変わる様子はなかった。校長は次の手として，この地区担当のカウンセラーに相談したらどうかという助言があり，カウンセラーに相談することとなった。カウンセラーの分析は，この子が虐待を受けて育った子と似た症状をもっているので，2つのことが必要であると指摘した。1つはこの子自身の心のケアが必要で，これについてはプレイセラピーという心理療法で，自分が担当するということになり，もう1つは親に子育てのあり方について，専門的な立場からしっかり話す必要があるが，それは教師よりは専門機関（児童相談所）の方がいいだろう，というものであった。

　専門機関に依頼するには，この子の両親の承諾が必要になるので，担任としてはまず校長の了解を求めたのであるが，校長は「カウンセラーのプレイセラピーの結果を見ながら」という理由で外部専門機関への依頼に難色を示した。プレイセラピーは週1回始まったが男児の様子にそれほどの変化は見られなか

った。校長は担任の苦労を知りながらも専門機関に相談することについては頑なに拒否した。この担任はひとりの同僚へのその場の相談以外は学校としてのサポートも得られず、ひとり悪戦苦闘の日々が続き、そのうちにその子の親からも責められ、教師としての自信をますます喪失していった。

　以上がこの事例の概略である。この事例から学ぶ教訓はいくつもある。(1)学級でかかえている困難な子どもについて、学校として受けとめる体制がないためひとりの教師が、いわば自己流にその場しのぎの対応に終始するため、子どもにも親にも適切な対応ができず、結果として問題を拗らせてしまった。(2)こうした問題に対して校長が、大所高所を見て判断すべきであったが、なぜかカウンセラーのみに頼り、学校内のみで問題解決に当たろうとした。(3)こうしたケースは、子どもの現わす言動から、明らかに被虐待の様相を現していると思われる。そうだとすれば専門機関への相談がなによりも必要であるが、そうした認識を、校長はじめ教師はもてなかった。とくに親への説得は専門機関（児童相談所など）が心得ているのでそれをすべきであったと思われる。

2　連携がきわめて有効に機能した事例

　この事例は武庫川臨床教育学会第1回研究発表大会で目黒信子、老田智恵美によって発表された優れた事例である。学校がなによりも支援の中核に女生徒（以下中2A子）をおいて、学校の内と外との連携を有効に、しかも組織的に進めた連携の支援事例である。

　この女生徒の家庭は義父、実母、妹と本人の4人家族である。この夫婦は仲が悪く、それが原因で母親は精神的に不安定になり、アルコールに依存していく。これだけでもA子にとって深刻であるうえに、この母親は夫婦の不和をしばしばA子に吐き出すようになり、A子はそうした夫婦の葛藤に巻き込まれ、心身が不安定になり、それがリストカットにまで及んでしまった。このやりきれなさをA子は若い男性の担任教師に相談したのである。担任教師はこの話をそのまま養護教諭に持ち込むとともに、担当のスクールカウンセラーにも相談した。こうした経過があってスクールカウンセラーはA子と面接したのである。

4 家庭の養育力の低下と福祉機関との連携

　A子にとっては家庭よりも学校が居場所であり，なかでも保健室は自分の心身症状を訴える場として心の居場所となっていった。養護教諭もカウンセラーもこうしたA子の訴えに耳を傾け，じっくりとA子を受けとめていった。このころA子は学校のなかでいじめられている友だちや家庭で問題をかかえている友だちに付き添って，しばしばカウンセリングルームを訪れるようになっていて，そのうちそうした問題をかかえた友だち同士が仲良しになり，いつしか友だち同士のケアネットワークができていった。カウンセラーと養護教諭はこの自然発生的なネットワークをケアの視点からも大切に支えた。このネットワークのなかで，A子は友だちに自身の家庭の危機的状況を話すようになった。一方A子の母親は，夫が家にあまり帰らないということもあっていっそう荒れるようになり，そうしたこともあってか母親は飲酒時に刃物をA子に向けるようになり，問題が危機的になっていった。そこでカウンセラーと養護教諭は学校の小委員会にこの危機的状態を報告し，外部専門家の力を借りたい旨を訴えた。

　この委員会の構成は管理職，生徒指導教諭，学年主任，カウンセラー，担任，

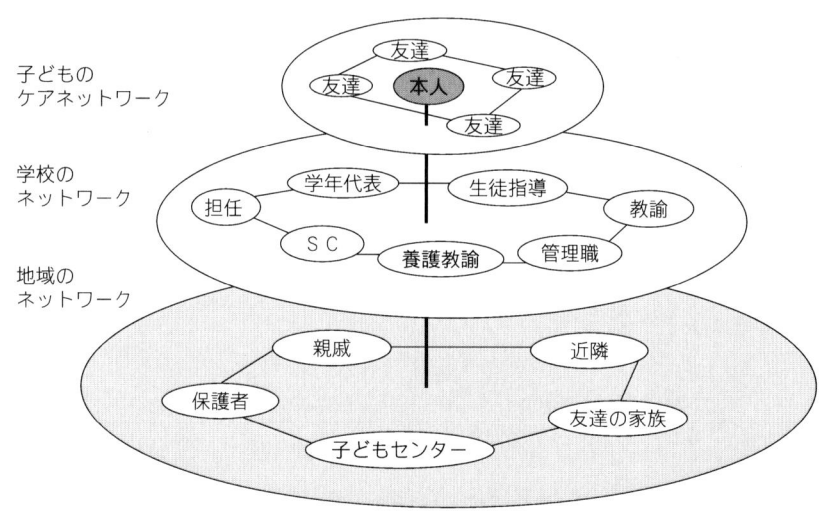

図9.1　ネットワークの構造

養護教諭で構成されて，それなりの権限を与えられている。ここでの話し合いで，窓口を生徒指導担当教諭として子どもセンターと連携することを決めた。

学校側と子どもセンターは協議し，緊急時の連携体制を整えた。それは，①義父への連絡，②親戚への援助依頼，③Ａ子の友だちとその家庭の協力などであった。この連携の構造は図9.1に示す通りである。

この図からもわかるように，支援のネットワークは3層からできている。これはＡ子にとっては盤石な支援体制ともいえる。Ａ子はこの支援体制にささえられて徐々にエンパワーしていった。

このケースで重要な点をいくつか強調しておきたい。(1)連携を進めていくにはコーディネーター的存在が必要であるが，その役をカウンセラーと養護教諭がしっかりと果たした。とくにＡ子の担任，学年主任，生徒指導主任，管理職などとの橋渡しを適切に行ったことは，校内ネットワークの構築に大きな力となった。(2)校内委員会がそれぞれの役割を明確にしてＡ子支援にあたった。たとえば担任は受容，学年は受容をベースにした指導，生徒指導は外部機関との連携，管理職は外部へ依頼というように。(3)カウンセラーが養護教諭と連携し，Ａ子を中心とした保健室来室の生徒たちのケアネットワークづくりを意図的に進め，生徒同士の癒し合いを高めた。そのネットワークの維持に努力した。(4)地域ネットワークを整えたこと。すなわち子どもセンターが母親カウンセリングや義父と母親との夫婦関係の修復にあたり連携したこと。親戚（祖母・叔父）にＡ子の心の支援を依頼し，あわせてＡ子の友だちの家に一時避難の場を設定したこと。

以上本事例はきわめて優れた学校内連携と学校と専門機関との連携，そして学校と地域との連携事例である[(6)]。

5 子どもの心の問題と医療福祉機関との連携

いじめ，不登校，犯罪や非行，そして摂食障害やリストカットなどにかかわって，いま学校では子どもたちの心の問題がさまざまに語られ，取り組まれている。家庭や学校や社会での複雑な人間関係を背景にして子どもたちの心は安

定を欠き，それが多様な症状として現れている。こうした心の問題は一人ひとりが異なるため，教師は個別対応をしなければならない。しかし教師がこうした問題に真正面にかかわるにはその専門性からいっても無理がある。こうした状況のなかで学校は必然的に外部専門機関と連携することが求められる。このことがスムーズにできるかどうかが，子ども支援の成否を決定づけることになる。以下事例を通して医療福祉機関との連携について考えてみたい。

中学1年生のB子は学年末の頃，合唱部の部活の人間関係が拗れ，不登校がちになり，2年生になってからは，朝，腹痛，頭痛，発熱がひどくなり，欠席が目立つようになった。担任としては養護教諭に相談するとともに，スクールカウンセラーにB子の相談をした。当面この三者で出した結論は，長期欠席になる前にカウンセラーが対応する，その結果からまた三者であらためて対応を相談するということにした。数回のカウンセラーの面接でB子の内面が明らかになり，その内容が三者の会議に報告された。その内容はB子の父親が失職し，母親は祖母の介護によって疲れ，離婚話が持ち上がっていること。またB子はあるとき夫婦喧嘩のなかで「子どもなんかうまなきゃよかった」という言葉をきいてしまい，「自分はいらない子だ」と思うようになっていることであった。その後中学3年になってからカウンセラーに話したことは，自分の部屋に閉じこもりリストカットをしているということと，拒食もしているが父親も母親もこのことを知らないというものであった。

この事実をつかんだ三者は校長を含めた校内生徒指導委員会に緊急にB子の問題を報告し，学校としての対応について検討を申し入れた。この会議で当面出した結論は，(1) B子の内面をよく把握しているカウンセラーが担任と協力して母親面接をし，緊急対応についての了解をもらう，(2) 母親の了解を得て医療につなぐ，(3) 家がB子にとって居心地が悪ければ地域の適応教室を紹介する，(4) 登校したときはカウンセラーと養護教諭，担任が連携して受容し，共感的に対応する，(5) 外部専門機関につなぐ時は校長を通じて行う。

以上の確認のもとに学校は行動を起こすことにした。(1)(2)(5)についてはカウンセラーと担任が3回の家庭訪問で，B子の心の中をすべて話すことによっ

てようやく母親の理解が得られ，医療につなぐ了解が得られた。そこでカウンセラーと養護教諭は校長の了解を得て思春期外来につなげることとなった。思春期外来では，B子は自分の気持ちを思いの丈話し，医師はとくに薬を出す必要はないと判断して，その代わり学校にいくつかの要望をだした。それは，①カウンセラーがB子の心を満額受けとめるカウンセリングを継続すること，②登校したときは保健室をB子の居場所として確保すること，③母親のカウンセリングをすること，④父親には担任が相談的対応をすること。

こうした体制でB子支援が進み週2日ほどは登校できるようになった。しかしB子にとってまだまだ学校は安心できる場ではなかった。そうかといって家庭に居ることは「しんどい」というので，生徒指導委員会としては地域の適応指導教室を紹介することにして，担任がB子をつれて適応教室に行き，B子に勧めた。結果B子は週の2日はこの適応教室に通うようになった。このころB子の問題行動は治り，あわせて母親の心身も安定していった。

この事例にみられる学校・教師の対応は1つのモデルを表している。それは(1)カウンセラーと養護教諭がいわばキーパーソンになり，校内連携のコーディネートを果たしているということ，(2)学校が子どもの事態をただちに受けとめ，会議を招集して生徒を中心において必要な手をただちに打ったということ，(3)医療とつなぐことは，学校にはなかなか難しいのであるが，カウンセラーの専門性を信頼して，親の了解を取り付けて学校が進めたこと，(4)その結果，医師から重要な指針が得られ，B子支援が前進する元になったこと，(5)B子の状況を見ながら，B子の居場所として，次の手（適応指導教室）を打ったということ。以上示唆に富む学外連携の事例である。

6 非行・問題行動における地域諸機関および保護者との連携

2006年9月発表された全国公立小・中・高校の児童・生徒の問題行動の統計によれば，いじめ，不登校・高校中退については，減少しているものの，校内外の暴力行為は減少せず，とりわけ小学校の暴力行為は前年比6.8％増とな

っていて，なかでも対教師暴力が多くを占めているという。由々しき事態である。こうした状況を見るとき，学校としても教師としても暴力的な事態に対応する基本を再検討する必要があるように思われる。それは今日の非行・問題行動がかつての単純な反抗的問題行動とは違って，育ちのなかで受けた親子関係の葛藤や，教師や仲間との間で生じた屈折した心理を背景にもっているように思われるからである。それだけに，問題行動への対応は従来型の説教や叱責や処分だけでは，収まらない。彼らの心の中を見つめ，そうした心に届く教育支援でないと抜本的な支援にはならない。その意味で外部専門機関との連携が必要になってくる。ここにその一例をあげておこう。

　高校1年生のC男は中学校のときから問題行動の多い生徒であった。躾けが厳しく幼児期から手を挙げることの多い父親と塾の講師をしている母親に育てられた。父親を恐れその腹いせを母親に向けることも多かった。このC男は「俺は虐待されて育ってきた」と仲間に漏らすことがあったという。兄弟は弟と妹がいてそれぞれ小学生である。中学校では衝動的に学級仲間に暴力を振るうことがしばしばあり，校内での器物損壊も3年間で6件起こしている。したがって教師から叱られることも多く，生徒指導部の教師のなかでは要注意生徒として認知されていた。

　高校に入学してしばらくはおとなしかったが，夏休み前中学校時代の地域のバンド仲間3人と隣町の児童公園の片隅でシンナー遊びをしていたところを補導センターの巡回員に見つかってしまった。補導センターとしてはただちに在籍校の担任と生徒指導部に連絡するとともに父母にも連絡した。両親は補導センターにかけつけたかと思うと問答無用で頬を殴った。補導センターはこのまま親に引き取ってもらうことに危機感を感じ，親と学校に了解をとって，一泊センターに留め置くこととした。その夜センターの相談員はこの生徒と本音の話をしたことで，この生徒の心の中が見えてきて，専門家の対応が必要であると判断し，センター長の了解を得て，親と校長を含めた三者で話し合うこととした。ここでの結論は，児童相談所がシンナーを含めた問題少年への対応の経験が豊富であることから，児童相談所のカウンセリングを受けるように勧める

というものであった。高校の生徒指導としては，C男は児童相談所に通うということにし，特別処置として，学校への登校を求めないことで親を説得した。2週間の児童相談所のカウンセリングと見立てによって，この生徒への対応の指針が出された。それは以下のようなものであった。

① この生徒は幼少期からの虐待的子育てによって，深い心の傷があり，長期的なカウンセリングが必要（週2-3回）。
② 親子関係の修復が必要なので，そのために親のカウンセリングが必要。
③ 学校としては，できれば学校に登校させて，処罰的対応ではなく，然るべき部屋で自分に向き合うプログラムを提供して自分の行為を振り返らせる。

学校としては，児童相談所のこの方針を生徒指導部を中心とした小委員会（校長を含む）にかけ，この方針に従って生徒の指導に当たることを決定した。①については児童相談所のカウンセラーが週2回カウンセリングすることになった。また②の親支援については児童相談所の心理判定員が週1回親カウンセリングをすることになった。さらに③の学校としてのC男への対応は，カウンセリングの日以外は学校に登校して，特別教室で，担任と生徒指導部の面談と指導を受けることになった。その中身は担任が面談で心の中を聞いて必要な助言をする。生徒指導部では特別教室で自分に向き合う反省プログラムとして，ロールレタリングを行う[7]。養護教諭としては，疲れたとき，いらいらしたときの心の癒しに保健室を提供するということになった。こうしてそれぞれの支援を週1回のカンファレンスで交流しながら次の支援への展望を出した。こうしてC男は学校内外の支援体制に支えられてほぼ1カ月でふつうに教室に戻ることができた。

この貴重な連携事例からはいくつかの教訓を引き出すことができる。1つは学校が教師としての限界をわきまえて，地域の専門機関の専門家の力を積極的に借り，支援を有効に進めたということ。もう1つは学校としての本人指導は旧来の家庭謹慎というものではなく，学校に登校させて心の中を語らせ，また自分を見つめさせる新しい教育臨床的手法を導入して洞察に導いたということ。

さらに心に配慮した支援を一貫させたこともこの事例の優れた支援といってよい。

　以上の連携支援事例の検討を通して，現代の学校の教育相談は学校教師の専門性と限界を見極め，学校や教師の専門性では対応の難しい問題については，然るべき機関を通して外部専門家の力を借りて児童・生徒支援に当たること，また親支援に当たること。これができる学校こそが開かれたこれからの学校の教育相談といってよい。　　　　　　　　　　　　　　　　　　　【小林　剛】

注
（1）　柘植雅義「教師は教育機関とどう連携するか」諸富祥彦編『LD・ADHD とその親へのカウンセリング』5，ぎょうせい，2005 年。
（2）　山縣文治監修『子どもを支える相談ネットワーク』ミネルヴァ書房，2001 年。
（3）　小林剛「科研費研究報告集Ⅲ　武庫川女子大学における教師教育改革と臨床教育学」『臨床教育学の展開と教師教育の改革に関する研究』2006 年。
（4）　注(1)
（5）　小林剛「児童虐待における教育機関との連携」『子どもの虐待とネグレクト』Vol. 4，日本子どもの虐待防止研究会，2002 年。
（6）　目黒信子・老田智恵美「学校・地域の連携によって危機的状況の生徒を支援した事例」武庫川臨床教育学会第 1 回研究発表大会報告集，2006 年。
（7）　ロールレタリングという教育心理技法は，子どもに自己反省，自己洞察を求める技法で，自分から他者へ，また他者から自分へという手紙を自分の心の中で手紙を書くという行為として行い，子どもを自己洞察に導く方法。詳しくは，日本ロールレタリング学会へ。

考えてみよう
1．"モンスターペアレント"といわれる親への対応の在り方を考えておこう。
2．外部専門家との連携を望まない管理職への対応はどうしたらいいだろうか。
3．同僚間の支援，相談体制をどうしたらスムーズにつくれるだろうか。

参考文献
小林剛『子どもの心の傷を読み解く』明治図書，1999 年。
諸冨祥彦編『LD・ADHD とその親へのカウンセリング』（シリーズ　学校で使えるカウンセリング　5）ぎょうせい，2004 年。

第10章 教育相談と教師の研修

1 教育相談における活動主体と研修の多様性

1 教育相談活動にかかわる教員の多様性

　教育相談は学校にとってなくてはならない活動分野であり，すべての教員がかかわる活動だといわれている。にもかかわらず現実には，教員のすべてが教育相談に肯定的イメージを抱いているわけではない。栗原慎二によれば教育相談の視点から見たとき，教師は5つのタイプに分類できるという[1]。その第1のタイプは「推進者」であり「積極的に学校教育相談を推進する意欲のある人」をさす。第2のタイプは「協力者」であり「学校教育相談の必要性を感じ研修等への参加意欲のある人」，第3のタイプは「好意者」であり「自分は関わらないが，学校教育相談の必要性は認めている人」，第4のタイプは「一般者」であり「学校教育相談の必要性を感じていない，あるいは無関心な人」そして第5のタイプは「批判者」であり「学校教育相談は有害と考えている人」のことである。

　ただし，教育相談に無関心であったり，批判的であったりする人がすべて教育相談は無用だと思っているわけではない。栗原の調査によれば，教育相談が「生徒理解の役に立つ」と考えている教員が約97％に上るなかで，「教育相談に抵抗感がある」と感じている教員が約26％，「自分には向いていない」と思っている教員が約32％いたという。つまり「教育相談の意義や必要性は認めるが自分がすることには抵抗感があり，なじめない」という教員も2-3割はいるということである。

　教員は教育相談活動に取り組む主な主体と考えられている。しかし一人ひと

りは専門の教科や得意分野をもつ個人であり，教員という言葉では括れぬ多様性がある。国語，数学，自然科学，体育・スポーツ，芸術などと教科を並べてみるだけでも，その多様性こそが「教員」の特徴だといっても過言ではない。すなわち教育相談はすべての教員が取り組むべきものだとするならば，栗原氏の分析と調査が示すこの現実は，教育相談に関する研修がそれぞれのタイプの教員に適した多様なものであるべきことを示している。

そこで，資料は少し古くなるが，「カウンセリングマインド」の導入が提起された1981年度に，全国における教育相談研修を調査した教員養成大学・学部教育研究集会5篇『教育相談の研究』[2]を見ておきたい。それによると当時，都道府県レベルでの研修は一般に初級，中級，上級に区別されていることがわかる（表10.1参照）。このデータには長期派遣研修は含まず，教育実践と並行して行われる研修に限られているが，それを分析して同書は次のように述べている。まず，「初級，中級の方がバラエティーに富んでいる」こと，そして「上級では，焦点化された」内容となっており「基礎的なものは省略されている」ことがわかる，と。しかし当時の受講者が提出した感想を分析して，「受講者は，教育（相談）の現場に対応するための実践的な知識や方法を求めているが，研修でそういう期待が満たされていないこと」がわかると記されている。

表10.1　教育相談研修の内容（1981年度）

初級	教育相談の意義と問題，面接相談，生徒理解，生徒指導，学級経営，情緒障害，自閉症，神経症，登校拒否，非行，家庭内暴力・学校内暴力，事例研究パーソナリティー理論，児童・青年期の発達と心理，心理検査，カウンセリング，遊戯療法，箱庭療法，描画療法，グループ体験，ロールプレイング，心理劇，自律訓練法，感受性訓練，精神医学，精神衛生，精神病理
中級	学校教育相談の課題，相談面接法，生徒理解，生徒指導，学級経営，問題行動の理解，情緒障害，自閉症，神経症，登校拒否，学校内暴力，事例研究，心理検査，パーソナリティー理論，カウンセリング，精神分析，遊戯療法，箱庭療法，行動療法，グループ体験，ロールプレイング，心理劇，自律訓練法，感受性訓練，精神衛生，精神病理
上級	学校教育相談の現状と課題，教育相談実習，生徒指導，事例研究，心理検査，カウンセリング，精神分析，遊戯療法，箱庭療法，グループ体験，ロールプレイング，自己コントロール法，自律訓練法

つまり，初級，中級，上級の意図が不明確であり，その階梯性に即した体系化が容易ではないこと，理論的学習と体験的，事例的研究との組み合わせや関係づけが重要であること，そして現場の教師が求める「教師にとって必要な子ども理解と相談活動のあり方」に常に立ち戻りながら研修内容を深めていくことの難しさが，この当時から意識されていたことがわかる。この調査は都道府県教委レベルのいわゆる官製研修を対象としたものだが，現場の教員の多様性に対応するこれらの要求を考慮したとき，そのすべてを体系化することは容易ではなく，当時の経験ではまだ無理があったということではなかろうか。

2 教育相談における研修の独自性への着目

そこで不登校，いじめ問題が深刻化しスクールカウンセラーの導入が検討された1990年代半ばに小林一也，水越敏行が編集した『教育相談』(3)を見ると，そこには教育相談にかかわる研修講座についての情報提供の重要性という視点が盛り込まれている。それは官製研修の紹介にとどまらぬ多様な研修要求に応えるための問題提起と考えることができる。

具体的には「教育委員会が主催する研修」のほかに「カウンセラーの資格認定のための研修」「民間機関の研修会」という研修機会のカテゴリーを示して，情報を提供することの必要性が述べられているのである。ここにいう「カウンセラー資格認定のための研修」が，臨床心理士や学校心理士あるいは臨床発達心理士などの養成カリキュラムとして，今日すでに整備されていることは周知のことである。

ここで注目したいことは，この本が「民間機関の研修会」を研修情報として1つのカテゴリーに分類していることである。この本に明示されている民間機関は，カウンセリングや精神分析，交流分析，来談者中心療法など心理療法を研究する各団体のみであるが，実際にはそれに限定されぬ多様な研修会や研究会を想起することが可能である。それらの諸機関での研修が教育実践に与える影響の大きさは周知のことだが，ここで強調しておきたいことは，カウンセリングや心理療法の理論と技法を学んだ教員が，学校という組織のなかで現実に

苦しむ児童，生徒を対象として行う教育相談活動の総合的な性格に注目し，その全活動を教育相談実践ととらえて交流することが非常に重要だということである。

その視点からいうと，教師による教育相談実践の記録が多数もち寄られ，交流される日本学校教育相談学会の位置や，類似の実践記録が報告され検討される教職員組合と市民団体による教育研究集会もまた，教育相談に関する重要な研修機会だということになる。

そこで教育相談活動の総合性を考えるために，橋本幸晴が「教育相談の教育課題と解決」[4]のなかで述べている，教育相談担当教員がかかわる活動の範囲と種類を見ておこう。そこには少なくとも次のような項目が含まれている。

(a) コンサルテーション，(b) 心理検査の実施と活用，(c) 保護者への援助，(d) ガイダンス，(e) 発達障害をもつ児童・生徒への援助，(f) 相談室，保健室の位置づけ，(g) コーディネーションなどである。

相談担当教員は心理療法の理論を生かして児童・生徒とかかわりながら，他の教師たちと合意の形成をはかり，保護者への相談にも乗っているのである。その実践の専門性と総合性との接点にこそ，学校における教育相談活動の独自な性格があるのであり，それをめぐる実践の交流もまた，教育相談の研修にとってはきわめて重要なものとなるはずなのである。

2 地域における行政研修の実態

1 学校内の相談体制とスタッフについて

先にもふれたように，教育相談に関する研修のあり方は教育相談についての認識の多様性に規定されるが，同時に教育相談の体制及びそのスタッフのあり方にも規定されている。そこで次に学校における教育相談体制の実情を，埼玉県の教員に対するインタビューをもとにしてみることにする[5]。

まず埼玉県の中学校で一般的に採用されている教育相談の体制とそのスタッフについてみると，県内ほとんどの中学校には校務分掌としての教育相談部会がおかれている。それは生徒指導部のなかのひとつの係としてではなく独立し

た部会として確立しており，多くの場合その構成員は校長，教頭，生徒指導主任，教育相談主任，各学年担当1名ずつ，養護教諭，スクールカウンセラーそしてさわやか相談員である場合が多い。この教育相談部会は個々の事例に対応する実施機関であるが，それと並行して，活動の基本方針や研修の年間計画などを検討し，全校的な認識を形成する機関として教育相談委員会がある。

次に教育相談部会に参加する教員以外のスタッフであるスクールカウンセラー（以下SCと記す）とさわやか相談員について実情を見ておきたい。県全体で423校の中学校のうち，さいたま市を除いた367校には122名のSCが配置されており，さらに37名の準SCがおかれている。SCには臨床心理士の資格を有する者，精神科医あるいは教育心理相談を専門とする大学教授がなっているが，県が配置する準SCとは，それらの資格や条件をもたない者で，一定の研修を経てカウンセラーの業務に当たる者のことをさしている。そしてSCは通常2-3校を受け持つが，準SCは1校だけを担当することになっている。ちなみに埼玉県の場合，SCも準SCも公募制で1年ごとの任用となっており，書類面接による選考のうえ採用され，仕事は週に1日で6時間勤務として行うことになっている。

各中学校を担当するスクールカウンセラーの職務を見ると，(a)生徒に対するカウンセリングのほかに，(b)教職員や保護者に対する指導助言や情報の収集・提供，(c)その他必要とされる事項となっている。このうち，教育相談部会への参加は教職員に対する指導助言のうちに含まれているものと思われる。さらに中学校長が必要と判断した場合，近隣の小学校における指導助言や児童へのカウンセリングも行うことになっている。しかし，多くの中学校ではSCが勤務するのは月に2日というケースが多く，期待される職務のすべてを行うには困難が多いといわれている。

ところが，県庁所在地のさいたま市に目を転じると，いじめや問題行動が相対的に多く，軽度発達障害児への対応も期待されているためか，県全体に比してかなり「充実」した配置が行われている。さいたま市全体で56校の中学校に53名のSCが配置されており，兼務校とされた6校以外の47校にはそれぞ

れ1人ずつ，つまり毎週1日はSCが配置されていることになる。その条件を生かしてさいたま市の中学校では，SCを活用した校内研修がたびたび行われているという。その研修の主なテーマは不登校といじめ，そして軽度発達障害問題だと報告されており，教員の関心がそこに集中していることがわかる。

　また，県レベルで採用されるさわやか相談員は，元教員や主婦などのなかから子どもの悩みや不安の相談にのることを主目的として中学校に配置されている。人数はさいたま市を除く全県の367校に202名であり，1-2校に1名の配置ということになる。さわやか相談員の職務内容を見ると，(a) 児童・生徒の相談・援助に関すること，(b) 学級担任，養護教諭との連携に関すること，(c) 学校，家庭，地域社会との連携に関すること，そして (d) その他いじめや不登校などに対応することとなっている。

　さわやか相談員は専門性というよりそのなじみやすさが期待されているが，県内の各中学校では「たいへん役に立っている」との評価が定着しているという。

　一方さいたま市においては，さわやか相談員は全56校のすべてに1人ずつ配置されているが，先に見た県内の他市町の場合に比べて専門性への期待が高いとみられる点に特徴がある。すなわちさいたま市のさわやか相談員は，元教員のほかに心理系の大学・大学院出身者，日本教育相談学会員，カウンセリング協会の認定カウンセラーなどが委嘱されて派遣されている。しかし専門性の違いという問題もあり，さいたま市の中学校のなかではさわやか相談員と教職員との連携およびその有効な活用が実践上の課題になっているという。

2　埼玉県における官製研修の現状

　さて次に，以上のような教育相談体制を組んでいる埼玉県では，教育相談に関する官製研修がどのような位置づけと内容で行われているかを見ることにしたい[6]。

　まず，すべての教員を対象とした研修のなかから教育相談に関連するテーマをみておこう。

　初任者研修においては，「生徒指導・教育相談の考え方・進め方」「学校カウ

ンセリング概論」そして「不登校問題の理解と対応」のテーマで講義が行われている。教育相談についての包括的概論とみることができよう。

　また，10年経験者研修においては，「生徒指導の考え方と進め方」「危機管理と生徒指導」そして「問題行動の理解と行動」のテーマで講義が行われ，「問題行動への対応」で演習が組まれている。演習の具体的内容は，(a)「暴力傾向のある児童・生徒への対応」，(b)「いじめ問題への対応」，(c)「不登校児童・生徒への対応」となっており，これら3つの問題への対応について意見交換をしながら学ぶとことになっている。そのテーマは最近の特徴を示しているのであろうが，10年の経験をもつ30歳代の中学教員に対しては，不登校やストレスへの対応などの非社会的行動に関する相談活動だけでなく，反社会的傾向のある問題行動に対して主導的に対応できるような研修が重視されているのではないかと思われる。

　そして20年経験者研修の内容を見ると，「学校ストレスへの対応」「学校活性化とソーシャル・スキル」「非行予防の方略」というテーマで講義が行われている。全体的傾向として40歳代のベテラン教員に対しては予防的教育相談に関する対応が期待され，その内容が重視されているといえそうである。

　さらに全教員を対象とした研修には，県下の各市町村が行う5年経験者研修会がある。その代表例としてさいたま市の場合を見てみると，教育相談に関するテーマとしては，「ソーシャル・スキル・トレーニング」が演習形式で行われ，「事例から学ぶ学校教育相談」「生徒指導の研究（いじめ・不登校問題など）」が講義形式で行われている。5年目を迎えた20歳代の若手教員には，全校的問題への対応というよりも学級経営を円滑に行う視点から教育相談のテーマが考えられているといえるのではないだろうか。

3　教育相談担当教員と校内連携のための研修

　埼玉県とさいたま市における官製研修のうち以上に紹介してきた研修は，教職歴をふまえ校内での一般的な役割を考慮して行われている研修の概観である。そのほかに準備された官製研修を見てみると，教育相談に関心をもつ教員を対

象とした次のような研修会が開かれていることがわかる。

　県の教育委員会が主催する研修会としは，高等学校や盲・聾・養護学校の教員を対象とした初級カウンセリング研修会，学校カウンセリング研修会，生徒指導上の諸問題対応講座，規律ある態度育成講座が開かれ，シリーズとしての研修が行われている。

　さらにサタデーサポート講座として次の8つの講座が開催されている。(a)「児童生徒の自己表現力を高めるアサーション実践講座」，(b)「児童生徒同士が支えあう関係を作り出すピア・サポート実践講座」，(c)「不登校への対応講座」，(d)「いじめ問題への対応講座」，(e)「児童生徒の社会性を育てるソーシャルスキル実践講座」，(f)「交流分析によるコミュニケーション能力育成講座」，(g)「暴力行為への対応講座」，(h)「『学級崩壊』への対応講座」である。2006年度の実績によれば，どの講座への関心も高く，たとえば「生徒指導上の諸問題対応講座」では定員（100名）をはるかに越えて126名の教員が参加したということである。

　これらの講座に参加し，研修を積んで教育相談の力量を高めた教師たちには，子ども理解の深まりや生徒との関係の改善を通して，日常の教育実践への効果が期待できることはいうまでもない。また，そうした教師のなかから教育相談主任として学校における教育相談活動と研修の中心となる教員が生みだされてくる。そのような教師を教育相談担当教員と呼んできたが，教育相談担当教員は，学校に配置されるスクールカウンセラーやさわやか相談員を校内で活用するシステムづくりと実践の中心となる教員である。そしてこの教員たちにとっては，連携に向けた知見を学ぶための独自の研修が用意されている。

　埼玉県の場合それは市町村主催の研修として行われている。たとえばさいたま市の場合は「教育相談主任研修会」という独自のかたちで開かれており，同時に教員たちと連携して相談活動を行うことが期待されているSCのための「スクールカウンセラー研修会」と，さわやか相談員のための「さわやか相談員研修会」が開かれている。この3つの研修会はそれぞれ独自の内容で開かれているが，それらの研修会を並行して行う際の第1回目には，教員との連携をより

効果的に行うために，合同のかたちで研修会を開催する工夫も行われている。

3 中学校における教育相談の実践と研修
——東京都S中学校の事例から

　この節では，民間機関のひとつである教職員組合と市民組織が共催する教育研究集会で報告された，教育相談実践の報告を紹介する。なぜなら以下に示す実践は，上述した各種の研修が学校で生かされる具体的な姿を示しているからであり，同時にまたこのような報告を聞き意見交換をすること自体が，学校における教育相談に各種研修の成果を生かそうとする教員たちにとって，多くのヒントを学びうる重要な機会にほかならないからである。

　ここで取り上げるのは，東京都S中学校の養護教諭を含む教師集団による実践のレポート「「来週から，少し休みます」を受け入れた教師たち」である[7]。

　この実践は，生活的にも心理的にも困難をかかえた中3のA子に対して，その様子をいち早く察知し，A子の気持ちを常に確かめながら，担任や教育相談委員会との連携のなかで問題解決に粘り強く取り組んでいった取組みである。この実践からは教育相談委員会が学校内で一貫して機能していることの重要性と，教育相談担当教員が中心になって担任を支え，校内の多様な教員の力をつなぎ合わせる活動の具体的なイメージを学ぶことができる。

1　A子に対する教育相談実践の経緯

　S中学校は，各学年2学級で，生徒総数は200名に満たない規模の学校である。教師も管理職を入れても十数名程度。その規模の小ささを生かして，さまざまな教育実践や生活指導が工夫され実践されてきた。

　すべての教師がほとんどの生徒を知っているので，職員会議や生活指導連絡会では，一人ひとりの子どもの情報交換や問題への対応方法などを話し合えるのが，この学校の大きな特徴である。また，機能的に活動している「教育相談委員会」がイニシアチィブをとりながら，きめ細かい生徒指導と学年間の連携の取れた生活指導を展開している。さらに教育活動全般を研修会が支えており，

生徒中心の行事づくりや，研修会での討議などで，さまざまな場面での生徒への対応も多様で充実している。

本事例の対象であるＡ子の家庭の状況を見ると，当時は母（39歳），大学生の兄（19歳）との３人暮らし。中２のときに両親が離婚。母の愚痴を聞き，仕事をもっている母に代わって，家事もほとんどＡ子がこなしていた。夕飯はひとり寂しくとることが多く，Ａ子の悩みを受け入れるべき家庭は安らぐ場にはなっていなかった。自分が家族を繋ぎとめようとする使命感に近い気持ちがＡ子の元気印の裏側に存在していた。

(1) **がんばり続けていた時期**（小学校時代〜中学１，２年生）

Ａ子は学区域外からＳ中学校に入学してきた。小学校時代の友だちがいないなかでも積極的に友だちとかかわろうとし，学級委員にも立候補した。さまざまなことに積極的に取り組み，仲の良い友だちもできた。

そして２年生の２学期に入ったとき両親は離婚した。Ａ子は，学級委員の仕事を積極的にこなすことで辛さを紛らわしているようだった。３年生になった直後，いままでなっていた学級委員には選ばれず相当落胆したが「元気」を装っていたようにみられた。

その後，Ａ子の混乱は増し，自傷行為が始まった。５月の連休後から，「さかむけを引っ張ったら血が止まらなくて……」と保健室にバンドエイドをもらいに来たり，体調が悪くてと言っては保健室で休むことが多くなってきた。鉛筆を削るためのカッターや先のとがったピン止めで手遊びをすることが目立つようになってきた。

(2) **養護教諭につらさを告げ，混乱を深めた時期**

そのころのＡ子の様子を養護教諭の日記から要約して再現してみよう。

５月×日，体育の授業中，胃が痛くて気持ちが悪いと保健室に来室。「いつもがんばっているから疲れたかな？　ベッドで休んだら」と声をかけて，ベッドに寝かせた。ふだん，誰もが見たり聞いたりしている世間話をして，「学校で気を使いすぎているんでしょう？」と声をかけたところ，「家でも学校でも気を使っている」と答えた。「どうしたの？」と聞くと家の事情を話してくれた。

「そんなにつらい思いをしていたなんて知らなかった……。本当にたいへんだったんだね」というと、「連休のころ、なんとなく筆箱の中のシャープペンを取り出そうとしたら、カッターで間違って指先を傷つけてしまったの。血がぽたぽた落ちてくるのをぼーっと眺めていた」と話してくれた。その後、針や画びょうでも指先を刺してしまうことがあったという。傷ついた指先を撫でながら「自分を傷つけるくらい辛かったんだねと」というと泣き出した。

この後、A子と話し合った養護教諭は、経済的な面で今後のこと（受験など）があるので学年の先生にはこのことを話してもよいという了解を得た。放課後早速学年会を開き、確認したことは担任が直接本人から事情を聞くこと、養護教諭と担任を中心に連携しながら対処していくこと、そして保健室でできるかぎり受け入れていくことであった。

翌日担任はA子と会い、「たいへんだったんだね。気がつかず、何も言ってあげられずごめんね」と切り出した。A子は今までのことを泣きながらとめどなく話し始めた。担任も泣きながらA子の話を聞いた。また担任は、これからは無理しないで生活していくこと、何かあったら話をしたい先生と話をしていいということなどを話した。

A子は、「母親の通院しているクリニックに行くことがいやだったけど、今日の話で行く決心がついた」と言ってくれたという。約1時間の話を終え、帰る前に保健室に寄り、「もう自分を傷つけることはしない」と言って下校した。

その後に養護教諭と学校心理士の資格を持つ生活指導主任、学年の教師を含めた拡大学年会をもった。養護教諭から、A子のいままでの家庭と本人の状況が話された。会議では、今後学校でのA子の様子を細かいことでも連絡し会うこと、スクールカウンセラーとの面談を進めるとともに、保健室を利用させることで体調を安定させることなどを確認した。自傷行為をエスカレートさせず止めさせていくこと、学校生活でも無理をさせないことも確認した。

保健室では、いままでふたをしていた心を開き始めたが、それによってA子の状況が改善されたわけではなく、A子はさらに落ち込んでいった。保健室にいることが多くなり、自傷行為も続いていた。

部活では，バレーボールの地区大会を控え，キャプテンとしても責任があるなか，自分のなかではがんばりたいのだが，そう思えば思うほど頭も体もいうことをきかず保健室に行くことが多くなってきた。キャプテンでありながら，中途半端な練習の参加だったが，バレーボールの地区大会は上位に入賞できた。しかし，そんなA子の様子に対し，仲間は不信感を募らせ，A子は次第に孤立していった。そして，この間も自傷行為はやむことがなく，回を重ねるごとに出血が多くなってきた。

(3)「しばらく学校を休みます」と不登校を宣言できたこと

　A子は体と心のバランスは完全に崩れている状態だった。担任はこんなA子の状況を教育相談委員会に報告して検討してもらった。委員会では，これ以上A子には無理をさせず，休ませることも含めて対応していこうという結論に達した。「無理はしなくていいよ」とA子のつらさを受け入れるメッセージを担任が彼女に伝えることになった。

　教育相談委員会の話し合いを受けて，担任はA子に次のように話したという。

　「今の心と体の状態から見ると，学習や部活を満足にこなせるものではない。それを無理して体に言うことを聞かせようとしても，結局保健室で友達の目を気にしながら過ごすことになる。長いスパンで考えたとき，今無理をして大事な進路を考える時期に心身ともに最悪なコンディションになって苦しむより，今の悩みは少し我慢して，新たな一歩につなげるために心も体も休める。大事な時期を良いコンディションで乗り越えていけるための"休養"と考えたほうが楽になるのではないか。今休むことには抵抗があると思うが，先に行ってもっと苦しんでからよりも，トータルで見てリスクが少ないと思う。今，心と体を休めるのがベストであり，タイムリーだと思う。気持ちを後退させるのではなく，前向きに考えながら休ませることも大切なのではないか」と。

　この話を聞きながら，A子はとても安堵の表情を見せてきた。そして，A子は「来週，1週間休みます」と言った。その言葉には，まだがんばろうとしているA子の心情が感じられたので「本当に無理することはない。1週間という期限をきめる必要はない」と言ってあげた。そうするとさらに安心して，「来

週から学校を休みます」と納得した口調でいった。また，部活のブロック大会のことは正直迷っていたらしいが，決心がつき思いきって欠場することになった。そしてそのことをバレー部全員に自分の口から伝えたいと言った。

次の日の朝A子は，3年女子バレー部全員に，いままで自分のからだがどう変わりそしてどう過ごしてきたのかを正直に話した。全員が泣きながら話を聞き，A子のいままでのさまざまな苦しみを理解した。みんなも「元気になるのを待っているから」と言ってくれた。

そして母親と兄にも素直に自分の気持ちを話し，来週からの無期限の欠席を理解してもらった。

自分の気持ちを素直に受け入れた自分と思い切れた自分。理解し受け入れてくれた家族と友人。できる範囲でできることをやりながら，けっして無理はしないで過ごした夏休み。そして迎えた新学期，A子はふつうに登校してきた。担任は帰り支度のA子に声をかけた。A子は「大丈夫です。ありがとうございます」と笑顔で言った。以前の彼女本来の表情が少しずつ戻ってきた。クリニックからも通院はもう必要ないといわれ，食事と睡眠も元のように回復したということだった。手に自傷の傷跡はなかった。

2学期の文化祭では演劇に出演する傍ら，保健委員としての取組みに大活躍した。その後は，授業に集中し，塾にも通って積極的に学習に取り組んだという。

2 学校体制による受容——この教育相談実践の教訓として

これは，「学校体制による受容」という言葉がキーワードとなる事例である。自傷行為の事実を告げられた最初から，できるだけA子の気持ちに寄り添うことを基本として取組みが行われている。気持ちの不安定な母による彼女への依存的な対応，家事全般の負担，よい子であろうとしてきた努力。どれもが学校による介入が不可能な問題だった。保健室で「マイベッド」に何日も眠り続ける彼女を見たとき，本当にこれでいいのかと養護教諭も迷い続けたという。けれど，教育相談委員会での検討を通して，いまの状態では自宅に居場所がない

彼女が，学校にしがみつくしかない姿としてそれを理解し受け入れることが可能になったのである。

　週に一度の教育相談委員会で，カウンセラーや他の教員たちとの話し合いが担任と養護教諭の不安を支えている。受容することを確認したうえで，次の一手をどのように打てばいいのかが教育相談委員会の次の課題となった。そのなかでしっかり休むことの積極的な意味が明確にされ，全校で了承して取り組んでいる。チームを組んで支援することの重要性がきわめて明瞭に出ているだけでなく，保健室での相談活動を教育活動にどのようにつなげていくかについての方針が明確に出されており，その点がこの実践の特徴といえるだろう。

　この実践にみられるように，教師集団とチームによる一人ひとりの生徒がかかえる問題への取組みは，その実践のプロセス自体が非常に教育力に富んだ研修であるといってよい。そこで次に，この実践を通してひとりの教師が何を，どのように学びとったのかを，養護教諭の個人的総括のなかから明らかにしておきたい。

　養護教諭は〈今回の事例でA子をとことん受容できたのはなぜか〉と自らに問い，それは，保健室に来るA子に対する養護教諭としての自分の判断が尊重されていたからである，と述べている。たとえば養護教諭はA子の状況にあわせて「今日は保健室で」とか「今の時間は授業に出る」と担任や学年，教科担任に連絡しているが，そのとき，誰一人として批判めいたことを言う教員がいなかったという。管理職を始め教員も養護教諭に対して慰労の言葉をかけてくれ，急がせたり焦らせたりすることは皆無であった。問題の渦中にいる教師自身が教師集団によって受容されるという関係の重要性がここに示されている。

　またA子からのサインで自分が迷いそうになったときは逐一担任や教育相談委員会に相談している。自分ひとりでかかえ込んでいないという安心感が実践を支えており，集団的検討を通してA子のサインの裏にある生活的，心理的な意味をみんなで考え共有できている。この点がA子を受容する力を与えるものとなっている。

　養護教諭が立てたもうひとつの問いは，〈連携がもてたのはなぜか〉である。

A子の問題に直面した当初，養護教諭は，担任との人間関係や担任の大切にしていることなどを考えながら，言葉を選び，慎重に伝える苦労もあったという。この実践でその壁がとれていったのは，組織として定期的に話し合うなかで，すべてがオープンに交流できるようになっていったからである。情報も教育相談委員会に集まってくるので，正しい判断ができたし，それぞれのメンバーの役割もはっきりしてきた。担任とは頻繁に連絡を取り合っていたので，担任も保健室に預けっぱなしという感じはなかったという。集団が機能するにはシステムが重要である。それが安定してしかも柔軟に動くことのできる重要性が，示されている。

　さらに養護教諭はこの経験を〈今後の仕事にどのように生かしていくか〉と自らに問い，次のように述べている。

　「まず，自分の子ども観「必ず変われる」を大切にやっていきたい。そして，受容するためには，生徒を裏切らない努力を誠実に実行する。しっかり看て（観察する），小さな変化を見つけてあげる。ともにそこにいて，選べる道を一緒に考える。自分の人間性（自己開示）で勝負する。また，連携するためには組織としてのルールが必要である」と。

3　校内研修会の重要性

　この実践に取り組んでいた当時，Ｓ中学校では各学年にたいへん重篤な事例をかかえていたという。そしてもちろんそれらの事例に対しても，A子に対する実践と同様に組織的に対応している。その場合必要になるのは，全職員の深いレベルでの共通理解であるが，それを支えてきたのが校内における研修会である。

　Ｓ中学校には　各校共通の「教務」，「生活指導」，「進路・総合」の校務分掌のほかに「教育課程検討委員会」，「教育相談委員会」，「生涯学習検討委員会」という分科会を構成し，それぞれの組織が必要とする研修活動を全校的に行っている(8)。その研修のなかでは，技法やマニュアルを学ぶだけでなく，日常の教育活動における到達点と課題を振り返りつつ，実践の総括を重視して進め

てきたという。その総括も年に一度の型通りの「校務反省」だけで終わらずに生徒たちの成長や問題点を検討しながら，年度ごとに教育課程を編成し直すことを重視してきた。このような研修のあり方こそS中学校の特徴ということができる。

そして，年間を通した全校的な研修を進めるために，各分科会の責任者と研修委員長の4名で「研修委員会」を構成して計画を立てている。そこでは，研修目標や年間の研修活動の原案作成や運営を中心に担っており，研修のなかには外部講師による「講演」の企画も積極的に取り入れてきた。たとえば健康安全に関する「性の学習」や「薬物の学習」を企画し，区からの特別の予算を活用して，年間数回に及ぶ講演会にも取り組んでいる。また研修委員会は，PTAと共催で「教育懇談会」も企画している。各分掌の主任がメンバーであるため，子どもたちの状況の多面的な検討と同時に，それに見合った研修会活動の工夫にもかかわっているという。

いじめ・自殺や不登校そして学習への不適応や問題行動など，子どもの急速な変化に従って，学校における教育相談活動もまた急速に変化し拡大してきた。教育相談が教育活動の枠内で構想できた時代とは異なり，児童・生徒とその保護者に対する心理的な支援のシステムと力量が学校にも求められるようになってきたのである。この事態は教員に対する研修の内容とあり方に変化をもたらしただけでなく，SCや「さわやか相談員」などの非教育専門職との連携という新しい課題を提起するものでもあった。

本章ではこの変化の一端を見てきたわけだが，官製研修の発展，充実とその積極的活用が進んでいることはきわめて重要である。だがそれは民間機関における自主研修が不要になることを意味するのではない。専門的により深い内容の研修が可能であるだけでなく，専門を異にするもの同士の連携や多様性を本質とする教員集団の協力体制に関する自由な発想と経験の交流など，民間機関における研修には常に独自の内容と方法が駆使されている。

教員個々人の個性を生かしながら学校としての教育相談の力量を高めていく

ためには，研修のイメージを大胆に拡大し，あらゆる機会をとらえて参加する視点が求められているというべきであろう。　　　　　　【前島康男・広木克行】

注
（1）　栗原慎二『新しい学校教育相談の在り方と進め方』ほんの森出版，2002年。
（2）　藤原喜悦他『教育相談の研究』金子書房，1984年。
（3）　小林一也・水越敏行『新学校教育全集18　教育相談』ぎょうせい，1994年。
（4）　橋本幸治「教育相談の教育課題と現状」仙崎武他編著『生徒指導・教育相談・進路指導』田研出版，2006年。
（5）　埼玉県，さいたま市の事例はともに，2006年9月に筆者が直接現場の教員たちから聴取したものである。
（6）　注（5）
（7）　中村智子・高橋亨総・山岡雅博『「来週から休みます」を受け入れた教師たち――教師たちの「子ども観」を磨き，教師集団の力量をあげた取り組み』教育研究全国集会2006・第25分科会提出のレポートより，2006年。
（8）　S中学校における「教育相談委員会」は校務分掌に並ぶものであり，埼玉県の各学校における「教育相談部会」に相当するものと思われる。

考えてみよう
1．各学校における教育相談の体制はどうあるべきだろうか。
2．教員研修における教育相談に関するテーマにはどのようなものがあるだろうか。
3．SCが行う研修のテーマにはどのようなものがあるだろうか。

参考文献
小林一也・水越敏行『新学校教育全集18　教育相談』ぎょうせい，1994年。
栗原慎二『新しい学校教育相談の在り方と進め方』ほんの森出版，2002年。

索　引

あ

アサーション　177
アスペルガー症候群　114
アセスメント　126,158
新しい流れ　81
安心　112
いじめ　28,51,96,153,175
逸脱行動　82
居場所　91,122,163,166
鬱症状　153
エクササイズ（課題）　131
援助資源（リソース）　119,125
親支援　168

か

ガイダンス　26
開発的教育相談　119
カウンセリング　15,18,26
カウンセリングマインド　20,103
学習障害（LD）　101
学力不振　73
過剰適応　122
家族再建　98
家族面談　88
学級崩壊　85,110,177
学校医　148
学校心理士　172
家庭謹慎　168
家庭内暴力　37,127
過保護　39
関係性　158
官製研修　172
完全不登校　87
カンファレンス　26
希死念慮　155
キーパーソン　103,125,146
規範意識　154
教育相談委員会　174,178
教育相談システム　137,144
教育相談担当教員　173,177
教育相談担当教師　21
教育相談部　135,140
教育相談部会　111,173
教育測定運動　15
境界例　127
共感関係　111
共感的理解　38,111
教師間連携　30
クライエント　34
軽度発達障害　104
　──問題　175
ケース会議　150
ケース・カンファレンス　116,124
ケースワーカー　128
健康サポートセンター　108
厳罰主義　60
高機能自閉症　101
構成的グループ・エンカウンター　120
校内暴力　85
広汎性発達障害　114
交流分析　172,177
心の教室相談員　138
心の相談員　31
個性の商品化　120
子育て支援センター　108
コーディネーション　119
コーディネーター　130
子どもセンター　164
子ども理解　126,150
個別の教育支援計画　102
困った子　111
コミュニケーション・スキル　131
コラボレーション　155
孤立　181
孤立化　30
コンサルテーション　27,34,119

さ

再登校　89,94
作戦会議　121
挫折　124
さわやか相談員　138,174,175
視覚障害　107
自己開示　131,184
自己形成　123

自己決定　44
自己肯定感　113
自己実現　120
自己指導能力　23
自己責任　121
自己変革　131
自己防衛　43,118
自己理解　131
自殺　28
自傷行為　179
児童虐待　127,160
児童相談所　129
「指導」的対応　135
指導力不足教員　118
自分探し　155
自閉症　113
自閉症スペクトラム　114
社会資源　101
就学相談　21,100
10年経験者研修　176
就労援助センター　108
塾　73
出席停止　60
守秘義務　132,135
受容　183
巡回相談　105
障害受容　107
状態像　148
情緒障害　109
職業指導（ガイダンス）運動　15
職業体験活動　76
初任者研修　175
人格　45
神経症の症状　153
深夜徘徊　98
信頼関係　86
進路指導　14,68,78,136
スクールカウンセラー　20,119,149
ストレス　55
スーパーバイザー　49,119
生活指導　19,85,112,136
生活主体　45
生活年齢　109
生活不安　84
精神衛生運動　15
精神分析　172
生徒指導　14

摂食障害　153
専門家間連携　31
相対化　75
相談室　139,143
「相談」的対応　135
相談の対応　151
ソーシャルスキル　131,177
ソーシャルスキル・トレーニング　120
ソーシャルリソース　148
ソーシャルワーカー　155
ソーンダイク, E.L.　16

た
対教師暴力　85,167
対症療法　114
体罰　161
他者理解　131
田中・ビネー式知能検査法　18
知的障害　109
チーム　46
チーム会議　119,124,150
注意欠陥多動性障害（ADHD）　101
重複障害学級　113
通級による指導　101
つながり役（パートナー）　130
つなぎ役（コーディネーター）　130
適応競争　120
適応指導教室　61,91,786
登校拒否　33,86
登校しぶり　87
同僚性　112
特殊教育　101
特別支援学級　102
特別支援学校　101
特別支援教育　21,101
　　──コーディネーター　22,102
特別なニーズ　101
トライやる・ウイーク　76
トレーナー　132

な
内的な枠組み　40
内面化　74
2次障害　110
2次の症状　153
日本学校教育相談学会　173
ネグレクト　148,160

は

パーソンズ，F. 15
発達障害 110,122,123,127,154
発達相談 100
発達要求 113
パートナー 130
パニック 131
ピア・サポート 120,124,130,177
引きこもり 87
非行 33,154
非行問題 81
非社会的行動 176
ビールス，C.W. 16
不登校 28,61,86,175
不登校加配の教員 147
不登校の親の会 92
フリースクール 91,155
ブリーフ・セラピー 131
プレイセラピー 161
別室登校 90
保育相談 107
保健室 139,143

ま

マイクロカウンセリング 131
マニュアル化 106
無条件の積極的関心 42
メンタルフレンド 91
問題解決的教育相談 119
問題行動 84,113

や

よい子 182
養護教諭 137,143
予防的教育相談 119,176

ら

来談者 34
来談者中心療法 18,172
力動 158
リストカット 153,162
療育相談 21
臨床心理士 134
臨床発達心理士 172
レイ・カー 130
連携 30,152
ロールレタリング 168

シリーズ編集代表

三輪　定宣（みわ　さだのぶ）

第14巻編者

広木　克行（ひろき　かつゆき）
　1945年　樺太生まれ
　神戸大学名誉教授
　主要著書
　『子どもが教えてくれたこと』（北水）
　『子どものシグナル見えますか』（北水）
　『21世紀を生きる君へ』正・続（北水）
　『人が育つ条件』（北水）
　『手をつなぐ子育て』（かもがわ出版）
　『臨床教育学序説』共著（柏書房）
　『子どもは「育ち直し」の名人！』（清風堂書店）

[教師教育テキストシリーズ14]
教育相談

2008年3月31日　第1版第1刷発行
2014年3月30日　第1版第4刷発行

編　者　広木　克行

発行者	田中　千津子	〒153-0064　東京都目黒区下目黒3-6-1
		電話　03（3715）1501 ㈹
発行所	株式会社 学文社	FAX　03（3715）2012
		http://www.gakubunsha.com

©Katsuyuki HIROKI 2008　　　　　　　　　印刷　新灯印刷
乱丁・落丁の場合は本社でお取替えします。
定価は売上カード，カバーに表示。

ISBN 978-4-7620-1664-6

教師教育テキストシリーズ
〔全15巻〕

編集代表　三輪　定宣

- 第1巻　教育学概論　　　　　三輪　定宣 著
- 第2巻　教職論　　　　　　　岩田　康之・高野　和子 共編
- 第3巻　教育史　　　　　　　古沢　常雄・米田　俊彦 共編
- 第4巻　教育心理学　　　　　杉江　修治 編
- 第5巻　教育社会学　　　　　久冨　善之・長谷川　裕 共編
- 第6巻　社会教育　　　　　　長澤　成次 編
- 第7巻　教育の法と制度　　　浪本　勝年 編
- 第8巻　学校経営　　　　　　小島　弘道 編
- 第9巻　教育課程　　　　　　山﨑　準二 編
- 第10巻　教育の方法・技術　　岩川　直樹 編
- 第11巻　道徳教育　　　　　　井ノ口淳三 編
- 第12巻　特別活動　　　　　　折出　健二 編
- 第13巻　生活指導　　　　　　折出　健二 編
- 第14巻　教育相談　　　　　　広木　克行 編
- 第15巻　教育実習　　　　　　高野　和子・岩田　康之 共編

各巻：A5判並製カバー／150～200頁

編集方針
① 教科書としての標準性・体系性・平易性・発展性などを考慮する。
② 教職における教育学の魅力と重要性が理解できるようにする。
③ 教職の責任・複雑・困難に応え、その専門職性の確立に寄与する。
④ 教師教育研究，教育諸科学，教育実践の蓄積・成果を踏まえる。
⑤ 教職にとっての必要性・有用性・実用性などを説明・具体化し，現場に生かされ，役立つものをめざす。
⑥ 子どもの理解・権利保障，子どもとの関係づくりなどが深められるようにする。
⑦ 教育実践・研究・改革への意欲，能力が高まるよう工夫する。
⑧ 事例，トピック，問題などを随所に取り入れ，実践や事実への関心が高まるようにする。